KB142909

숫자가 싫어서

〈일러두기〉

• 원서상에 표기된 금액은 원화를 기준으로 재조정하여 표기하였습니다.
  (단, 일본 통계자료를 바탕으로 하는 수치는 그대로 엔화로 표기하였습니다.)
• 정부 예산 등 원서의 일부 사례는 한국 사례로 변경하였습니다.

에 강해야 한다고 생각할 텐데요. 이 두 가지는 언뜻 비슷해 보이지만, 같은 뜻은 아닙니다. 숫자를 순식간에 파악해 계산하는 능력이 있다고 해도, 말로 잘 전하지 못하면 무용지물이니까요.

숫자로 말하는 능력이란, 계산력과 전달력을 두루 갖춘 것을 의미합니다.

국내뿐 아니라, 해외에서 비즈니스를 할 때도 숫자가 얼마나 강력한 전달 도구인지 실감할 기회가 많습니다. 영어가 서툴러도, 숫자로 충분히 소통할 수 있고요.

당신의 의견은 Yes인가, No인가? 매출과 이익은 어림잡아 얼마인가? 근거가 되는 숫자와 논리는 무엇인가? 이 모든 질문의 핵심은 결국 숫자입니다. 근거 없이 장황하기만 한 영어보다는 숫자로 주고받는 몇 마디 대화가 상대를 설득하는 데 더 효과적입니다.

국제적인 비즈니스맨으로 거듭나기 위해서라도 숫자로 사고하고 전달하는 방법은 꼭 익혀둘 필요가 있습니다.

최근에는 여러 분야의 비즈니스에 빅 데이터 분석 및 AI를 도입하는 사례가 늘고 있습니다. 디지털 테크놀로지의 진화와 최첨단 알고리즘(계산 방법)의 폭넓은 확산으로 다양한 툴과 지표를 활용할 수 있게 되었죠.

빅 데이터 분석도, AI도 더 이상 모른 척할 수 없는 것이 현실입니다. 비즈니스 현장에서는 디지털 테크놀로지의 활용이 업무 능력의 관건이 될 테고, AI는 결국 하나의 비즈니스 상식이 될 것입니다.

새로운 기술에 대한 거부감을 하루빨리 떨쳐내고 최소한의 지식을 배워둔다면 숫자로 말하는 능력은 분명히 향상될 것입니다. AI가 제시하는 것도 결국 숫자니까요.

구체적인 숫자를 보면 뇌는 자극을 받아 그 숫자에 대해 말하고 싶어집니다. 다른 사람에게 전달하는 순간 소통이 시작되고, 비즈니스 아이디어 및 필요한 액션에 대한 논의가 가능해지죠. AI를 비즈니스에 활용하는 것은 숫자로 사고하고 전달하기, 그 자체라 할 수 있습니다.

개인적으로도 최근 몇 년간, 빅 데이터 분석 및 AI와 관련된 일에 참여해 현장의 감각을 익힐 기회가 있었습니다. 그리고 거기서 문과형 사람이라도 노하우만 알면 곧바로 활용 가능한 기술들을 발견했죠. 지금부터 경험을 통해 습득한 그 기술들을 최대한 쉽게 설명해볼까 합니다.

저는 2012년에 『계산력을 기르다 計算力を鍛える』라는 책을 출간했고 감사하게도 그 책은 여러 차례 증쇄를 찍는 히트작이 되었습니다. 여기서는 그 내용을 바탕으로 올바르게 숫자를 파악하고 전달하는 방법에 대해 풀어가 보겠습니다. 특별히, 컨설턴트나 경영인들이 사용하는 실용적인 방법만을 추렸습니다. 숫자로 말하는 능력이 부족한 사람은 물론, '우리 회사에는 숫자로 논리를 펼 줄 아는 사람이 아무도 없어!'라고 한탄하는 분들도 꼭 참고해보셨으면 합니다.

부디 이 책을 통해 숫자로 말하는 능력을 기르실 수 있길 바랍니다.

차례

자로 말하는 힘이 반감된다 | 퍼센트는 정수로 바꿔 말하자 | 숫자를 이용한 최후의 일격

'숫자 부풀리기'가 교섭의 기본이기는 하지만 | 앵커링은 속임수의 기술 | 정규분포를 응용한 성실한 답변

온라인 공포증을 극복하자 | 사용자의 거래액을 바탕으로 계산해보기 | 복잡해 보이는 비즈니스도, 방법은 의외로 간단하다 | 온라인 비즈니스를 논할 때는 '회원 수'를 체크한다 | 숫자 분석 외에도 시대의 흐름을 읽어라

오히려 더 심플한 온라인 비즈니스 시스템 | GA를 모르면 업무를 할 수 없다 | 체크 필수! 세션과 전환 | GA로 수치를 파악해 전략을 세우기 | 아주 간단하게 6배의 매출을 올리는 방법 | 시도 횟수보다 중요한 전환율 | 디지털 마케팅 용어로 소통하기

숫자가
싫어서

우리 조직에는 왜 숫자로
말할 줄 아는 사람이 적을까?

숫자로 말하지 못하는 사람
복사기를 저희 제품으로 바꾸면
경비를 크게 절감할 수 있습니다.

VS

숫자로 말하는 사람
복사기를 저희 제품으로 바꾸면 연간
1,500만 원의 경비를 절감할 수 있습니다.

"많은 고객들로부터 사용이 불편하다는 지적을 받았습니다. 영업부 사원들도 모두 회의적이고요. 이대로는 열심히 영업을 해봤자 판매가 어렵습니다. 최근 이런 상태가 계속되고 있으니, 어떻게든 대응을 해주십시오!"

회사에서 오가는 이런 식의 대화, 한 번쯤 들어본 적 있지 않나요? 업무 현장에서는 '많은', '모두', '계속'과 같은 단어가 아무 의심 없이 사용되는 일이 빈번합니다.

그런데 막상 확인해보면 수백 곳의 거래처 중 단 2~3곳에서 불편하다는 지적이 있었다는 사실이 밝혀지곤 하죠. 정확히 말하면 '일부 고객'에게 지적을 받은 것입니다.

물론, 우연히 귀에 들어온 2~3건의 의견이 전반적인 상황을 반영한다고 생각할 수도 있습니다. 다만, 사람의 의견에는 필연적으로 '정규 분포'라는 것이 작용하고, 긍정적이든 부정적이든 반드시 몇 퍼센트의 극단적인 의견이 존재합니다. 이런 의견들만 취합하면 '이 상품은 완전히 실패했어'라는 결론을 낼 수도, '아주 훌륭한 상품이야'라는 결론을 낼 수도 있죠.

직감에 따라 개인의 감상을 말하는 것 자체가 문제는 아니지만, 현장의 의견을 침소봉대로 과장해 애꿎은 타 부서를 공격하는 사람도 있으니까요. 과거 좋은 실적을 올린, 프라이드가 높은 베테랑일수록 이런 경향이 두드러지니 참 안타까운 일입니다.

숫자가 없으면 목소리 큰 사람이 이기고 만다 ⋯ 🖵

숫자로 말하면 이런 문제를 피할 수 있습니다. 여기서 말하는 '모두'란 구체적으로 몇 퍼센트의 사람이며, 과연 그들을 진정한 주요 소비층으로 볼 수 있는가. 만약 실제로 판매가 저조하다면 다른 제품과 비교해 어느 정도나 덜 팔리고 있는가. 그에 따른 손실은 어느 정도인가. 여기에 숫자들을 제시할 때 비로소 의미 있는 논의가 시작되는 것입니다.

혹자에게는 숫자를 써서 말하는 것이 언뜻 '강자의 전략'처럼 느껴질지도 모르겠습니다. 하지만 실제로, 숫자로 말하기는 오히려 '약자의 전략'에 가깝습니다. 논의가 감상적으로 흐르면 마지막에 이기는 것은 결국 목소리가 큰 사람이니까요.

목소리 큰 사람이란 한마디로 '지위가 높은 사람', '나이가 많은 사람'입니다. 결국, 현장 실무자나 젊은 인재의 의견은 무시되고 구세대의 의견이 채택되죠. 이런 조식은 시간이 흘러도 바뀌지 않습니다. 실제로 이런 일로 좌절감을 느끼는 사람들, 꽤 많지 않나요?

숫자로 말하기는 이 같은 부조리한 상황을 타개할 수 있는 강력한 무기입니다.

애매한 지시를 숫자로 바꿔 말하기 ··· ⚡

비즈니스는 '숫자를 쫓는 일'의 연속입니다. 매출 ○○

억 원, 이익 ○○천만 원, 고정비 ○○% 절감 등의 목표들이 끊임없이 제시되죠.

하지만 정작 현장에서는 감상적인 말들만 오가는 것이 현실입니다. "방문자 수를 더 늘려라", "가격을 더 낮춰라", "요즘 고객들의 반응이 영 신통치 않으니 어떻게든 해봐라."

이런 지시들은 뭔가를 전달하는 듯하지만 사실 아무것도 전달하지 않은 것과 마찬가지입니다. 구체적인 행동으로 연결시키려면 애매한 지시를 숫자로 바꿔 말해야 합니다.

방문자 수를 더 늘리라는 지시의 '더'는 구체적으로 몇 명을 의미하는가. 만약 하루 5명이라면 왜 5명을 기준으로 삼았는가. 이렇게 구체적인 숫자를 제시할 때 현장은 움직이기 시작합니다.

'방문자 수가 증가한다고 정말 매출이 오를까?'라며 의문을 품는 사람도 있을지 모릅니다. 혹시 부하가 이런 질문을 한다면 여러분은 '숫자로' 확실하게 답할 수 있나요? (이 질문에 관한 답은 2장에서 설명하겠습니다.)

당신이 경영자나 상사라면 자신의 지시를 항상 숫자로 설명하는 습관을 들입시다. 반대로 당신이 부하라면, 그리고 아쉽게도 당신의 상사가 숫자로 말할 줄 모르는 사람이라면 애매한 상사의 지시를 마음속에서 숫자로 변환하는 습관을 들이면 됩니다.

백 마디 말보다 하나의 숫자   ⋯ 🖒

한 벤처 회사 사장의 에피소드가 실린 기사를 읽다가 '이것이야말로 숫자로 말하기의 표본이잖아!' 하고 감명을 받은 적이 있습니다. 그는 젊었을 때 기업에 복사기를 납품하는 일을 했는데, 무작정 찾아가 매뉴얼대로 영업을 해봐도 좀처럼 계약을 따내지 못했다고 합니다.

그래서 방법을 확 바꿨다는데요.

먼저 담당 지역의 회사들을 한 바퀴 쭉 돌되, 영업은 일절 하지 않고 사용 중인 사무기기의 브랜드와 대여료, 계약 기간, 1일 복사량만을 체크했다고 합니다. 그 수량을 분석한 후에 다시 찾아가 "복사기를 저희 제품으로 바꾸면 이만큼의 금액을 절약하실 수 있습니다"라고 구체적인 숫자를 제시했죠. 그랬더니 놀랄 만큼 많은 계약이 성사됐다고 합니다.

물론 요즘은 가격을 비교해주는 사이트도 많아 이런 방법이 통하지 않을지도 모릅니다. 다만, "비용을 크게 줄일 수 있습니다"라는 감상적인 말보다 "○○원을 절감할 수 있습니다"라고 말하는 편이 훨씬 설득력 있다는 것은 더는 설명할 필요가 없겠죠.

사람들은 "정말 좋아요", "훌륭한 제품입니다" 같은 이야기를 아무리 들어도 이미지가 그려지지 않으면 마음을 열지 않습니다. 하지만 "비용을 천만 원이나 줄일 수 있어요", "20%의 매출 상승이 예상됩니다" 등 숫자가 들어간 설명을 들으면, 순간적으로 머릿속에 구체적인 이미지가 떠올라 마음이 움직이죠.

숫자를 사용해 상대를 움직이게 하자 ⋯ 🖉

숫자로 말할 때 얻을 수 있는 효과가 또 한 가지 있습니다. 숫자로 막힘없이 설명하는 사람은 곧 대단한 사람(=제대로 사고하는 사람)으로 인식된다는 점입니다.

컨설턴트들은 핵심적인 숫자를 습관적으로 기억해둡니다. 그래서 "귀사의 금년 매출은 3,500억 원 정도로 전년도와 비슷하고, 영업 이익은 200억 원을 조금 넘어 전년 대비 20%가 감소했으며, 영업 이익률로 따지면 6% 정도입니다"라는 식으로 숫자를 제시해 설명할 수가 있죠. 특별한 것은 없습니다. 팩트(사실)를 숫자로 파악하고 있기 때문에 그 숫자가 머릿속에 남아 있을 뿐입니다. 하지만 상대방에게는 '이렇게까지 우리 회사에 대해 잘 알고 있구나'라는 인식을 심어주겠죠.

세세한 숫자까지 전부 기억할 필요는 없습니다. 포인트는 자신이 '숫자로 사고하는 컨설턴트'임을 상대에게 전달하는 것. 이것이 컨설팅 일을 막 시작했을 때 머릿속에 새긴 프로의 자세였습니다. 숫자로 말하면 이야기가 구체화되고 설득력이 생깁니다. 숫자는 무기입니다.

단, 잘못된 방식으로 사용해서는 안 되겠죠. 숫자를 사용해 상대를 이해시키고, 움직이게 만들지 않으면 아무런 의미도 없습니다. 잘못 사용하면 오히려 적이 늘고, 일이 더 힘들어지기도 하거든요. 목표는 어디까지나 숫자를 써서 상대방을 움직이게 하는 것입니다.

숫자를 능숙하게 구사하며 이야기하면 문제점이 더 명확해지고 업무 지시 내용도 분명해집니다. "힘내서 이 상품을 팔아보자!"라고 말하는 것보다 "하루 평균 100개였던 판매량을 이번 달에 120개까지 끌어올려보자"라고 제안하는 편이 듣는 사람에게도 더 생생하게 와 닿을뿐더러, 확실한 대책을 세우기에도 용이합니다.

영어보다 숫자가 더 잘 통한다 ⋯ 🗺

제가 다녔던 시카고 대학의 비즈니스 스쿨은 세계 각지에서 모인 두뇌 회전이 빠른 사람들로 가득했습니다. 특히 몇몇 인도인과 한국인은 말도 안 될 정도로 계산 능력이 뛰어났는데, 순간적으로 암산을 하고 숫자를 자유자재로 다루는 모습은 거의 마법에 가까웠습니다. 저는 상대조차 되지 않더군요.

그런 사람들 사이에서도 필사적으로 숫자를 공부하고 훈련했던 것에는 이유가 있습니다. 숫자 능력이 언어의 장벽을 뛰어넘는 만국 공통의 능력이라는 사실을 깨달았기 때문입니다.

비즈니스 스쿨의 강의는 토론을 중심으로 진행됐습니다. 영어가 모국어가 아닌 사람들은 불리할 수밖에 없었죠. 하지만 복잡한 계산이 필요한 수업에서는 오히려 언어의 장벽이 낮아져 누구나 토론을 이끌 수 있었습니다. 숫자로 말하는 능력은 세계 어느 곳에서나 통하는 중요한 능력입니다.

숫자가
싫어서

1장

숫자로 말하기의
첫 단계는 '@변환'

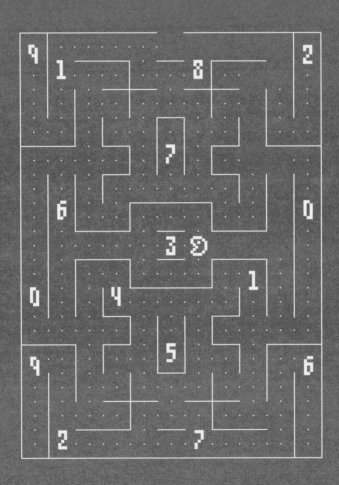

숫자로 말하지 못하는 사람

이번 달 영업부는 목표액에
5천만 원 못 미치는 매출을 올렸습니다.
상당한 차이가 생겼으니
모두 더 노력해주세요.

VS

숫자로 말하는 사람

이번 달 영업부는 목표액보다
5천만 원 못 미치는 매출을 올렸습니다.
1인당 약 500만 원, 한 사람당 1건씩
추가 수주하는 것을 목표로 합시다.

'자신의 일'로 바꾸면
숫자의 전달력이 높아진다

숫자를 '자신의 일'로 바꿔 전달한다 ··· 🄳

숫자에 능통하지 않은 사람이 숫자를 효과적으로 활용해 대화하려면 어떻게 해야 할까요? 가장 먼저, 세상 속숫자들을 '자신의 일'로 바꿔야 합니다.

세상에는 수많은 숫자가 떠다니고 있습니다.

- 2020년 국가 예산 513조 원
- GDP 1조 6,422억 달러
- 前 CEO의 연봉 200억 원

이런 숫자들은 구체적으로 상상하기가 어렵기 때문에 '아, 그런가 보다' 하고 흘려버리기 쉽습니다.

그렇다면,

- 연금 지급액 평균 10만 원 감소
- 소비세 8%에서 10%로 상승
- 경리팀 직원이 5천만 원 횡령

이런 뉴스는 어떤가요? '그러면 안 되지!', '너무하잖아' 같은 반응이 나오지 않을까요?

이렇게 숫자를 자신의 일로 바꿔보는 것입니다. 구체적인 숫자를 말한다고 해서 반드시 정확하게 전해지는 것은 아닙니다. 상대방이 '자신의 일'로 받아들일 때 비로소 제대로 전달되는 것이죠.

'1인당', '한 개당'의 개념을 쓰면 알게 되는 것 ⋯ ⏼

숫자로 말하는 경영자나 컨설턴트는 '@변환'이라는 방법을 자주 사용합니다. 큰 숫자를 '1인당', '한 개당'에 해당하는 숫자나 단가로 변환하는 작업이죠. '숫자에 의미를 담는 작업'이라고도 할 수 있습니다.

예를 들어볼까요? 먼저, 회사의 매출을 직원 수만큼 나눠봅시다. 매출이 천억 원이고 사원 수가 200명일 경우 1인당 매출은 5억 원이 됩니다. 그런데 만약, 경쟁사가 150명의 직원을 데리고 900억 원의 매출을 올린다면? 경쟁사는 1인당 6억 원의 매출을 올리는 셈이니 '우리 회사도 조금만 더 효율을 높이면 1인당 매출을 올릴 수 있다'는 주장이 가능해집니다.

또, 이런 식의 계산도 할 수 있습니다. 목표 달성을 위해 5천만 원의 매출을 더 올려야 할 경우, 그 돈을 영업 사원의 수만큼 '@변환' 해보는 것이죠. 10명의 영업 사원이 있다면 1인당 500만 원. 단가 100만 원의 상품을 팔고 있다고 가정하면 '영업 사원 한 명당, 월 5건의 주문을 더 받으면 목표를 달성할 수 있다'는 구체적인 방향을 제시할 수 있습니다.

이것이 바로 숫자를 자신의 일로 변환하는 방법입니다. 단순히 평균을 계산하는 것이 아닌, 상대에게 의미 있는 숫자로 바꿔 전하는 감각을 기억해주었으면 합니다.

☺ vs ☹

간단한 트레이닝을 해볼까요. 연 매출 100억 원이라는 가상의 출판사를 예로 들어봅시다. 100억 원을 대략 인구 5천만 명으로 '@변환' 하면 1인당 연간 구매액은 200원이라는 결과가 나옵니다. 200원으로는 책을 살 수 없을 테니 여기서는 책의 평균 단가에서 역산하는 방법을 써봅시다. 만약, 그 출판사에서 발행하는 책의 평균 단가가 만 원이라고 하면 국민 50명 중 1명이 그 출판사의 책을 연산 1권 구매한다는 결론이 나옵니다.

옷과 같은 일용품이 아닌 상품을 50명 중 1명이 구매한다면 상당한 영향력을 가지고 있는 셈인데요. 사실 매출이 100억 원을 넘는 곳은 극히 일부의 유명 출판사뿐입니다. 실제로는 훨씬 작은 규모의 출판사들이 무수히 존재하는 것이 이 업계의 특징이죠. 연 매출 10억 원의 출판사라면 500명 중 1명이 그곳에서 만든 책을 산다는 계산이 성립할 것입니다.

그럼, 이렇게 얻은 정보를 바탕으로 어떻게 숫자를 전달해야 할까요.

가령, 여러분이 연간 10억의 매출을 올리는 출판사의 사장이라고 해봅시다. 연 매출을 100억 원까지 늘리겠다는 야망이 있다면 50명 중 1명이 책을 사는 출판사가 되어야만 합니다. 그러려면 충성도 높은 독서 애호가뿐 아니라 이른바 '라이트 독자층'의 흥미도 끌어내야겠죠.

"50명 중 1명이 책을 사주는 출판사를 목표로 매출을 올리려면 라이트 독자층을 잡아야 합니다. 다이어트 책이나 건강서에 주력하는 등 이에 맞는 계획을 세워봅시다."

이런 식으로 목표를 전달하면 사원들이 앞으로 할 일에 대한 이미지를 그리기 쉬워집니다.

한편, 현재의 매출을 확실히 유지하고 싶다면 '500명 중 1명'이 사줄 만한, 독자층은 다소 제한적이더라도 위험 부담이 적은 기획을 생각하는 편이 안전하겠죠. 역사를 좋아하는 사람, 게임이나 야구를 좋아하는 사람…. 500명이 모이면 그중 이런 취향을 가진 사람이 1명은 있지 않을까요? 그렇다면 이런 층을 공략하는 책을 기획하면 되는 것입니다.

이런 방식은 인재 전략에도 영향을 미칩니다. 100억 원을 목표로 할 경우, 자기주관이 강한 사람보다 유행에 민감한 인물이 나을 수 있습니다. 때에 따라서는 책에 그다지 관심이 없는 사람을 채용하는 것이 방법이 될 수도 있죠. 이와 달리, 10억 원의 매출을 유지하고 싶다면 특정 장르에 조예가 깊고 그 방면으로 감각이 발달한 사람을 채용하는 편이 좋을 것입니다.

'@변환'을 활용하면 자사의 포지셔닝부터 장래 계획, 인재 전략까지 여러 분야에 대한 파악이 가능해집니다.

'평 단위'가 중요시되는 이유　　　… 🖰

지금까지는 인구라는 큰 단위의 숫자를 이용했습니다만, 일상생활에서는 조금 더 세세한 '@변환'을 활용할 수 있습니다. 앞서 했던 방법으로 한 회사의 매출을 사원 수로 나눠봅시다. 그리고 1인당 매출의 업계 평균과 자사의 숫자를 비교합니다. 그러면 자사의 비즈니스 효율이 높은지, 아닌지를 알 수 있습니다.

조금 더 세분화해서 상품 한 개당의 광고 비용을 계산해볼 수도 있겠죠. 그 결과, 돈을 벌어다 주는 줄 알았던 상품은 의외로 제 역할을 못 하고, 광고도 거의 하지 않는 다른 상품이 실질적 이익을 창출하고 있다는 사실을 알게 될지도 모릅니다.

이런 '@변환'을 가장 빈번하게 사용하는 업계 중 하나가 소매업입니다. 대표적인 예가 평당 '@변환'이죠. 가맹점 기반의 소매점이 각 점포의 퍼포먼스를 판단할 때, 매출 자체를 단순 비교하는 것은 별로 의미가 없습니다. 점포의 크기부터가 제각각이니까요.

이럴 때 1평 기준으로 매출을 '@변환' 하면 "A점은 매출 자체는 높지만 효율은 그다지 높지 않다", "B점은 매출 자체는 중간 정도지만 평당 효율이 아주 높다" 등, 각 점포의 실적과 특징이 드러납니다.

참고로 최근에는 '1㎡ 기준'으로 산출하는 곳도 많다고 합니다. 일본 경제산업성이 공표한 상업통계(2014년)에 의

☺vs☹

하면 매장 면적 $1m^2$당 연간 판매액은 편의점이 149만 엔, 백화점이 103만 엔, 전문 슈퍼가 53만 엔, 드럭스토어가 64만 엔이라고 합니다. 편의점이 얼마나 효율적으로 돈을 버는지 알 수 있는 대목이죠.

물론, 여기서 예로 든 '@변환'은 어디까지나 가설이기 때문에 실제로는 예상을 벗어나는 경우도 충분히 있을 수 있습니다. 다만 숫자를 바탕으로 가설을 내세울 때, 이를 전제로 논의가 가능해진다는 뜻입니다. 비로소 앞으로 나아갈 수 있게 되는 것이죠. 실수를 두려워하지 말고 이런저런 숫자를 '@변환' 해 자신의 일로 바꿔 말해봅시다. 숫자로 말하기는 거기서부터 시작됩니다.

숫자로 말하지 못하는 사람

우리나라 국가 예산이
513조 원 정도였던가?
아무튼 엄청나게 큰 액수던데.

vs

숫자로 말하는 사람

국가 예산은 513조 원 정도.
1인당 약 천만 원의 금액이지.

엄청난 크기의 숫자일수록
'@변환'이 통한다

조 단위의 숫자는 결국 '남의 일'

『지구가 100명의 마을이라면』이라는 베스트셀러를 기억하시나요? 이 책이야말로 '@변환'을 통해 매우 큰 숫자를 나와 밀접한 숫자로 정리한 아주 좋은 예입니다.

국가 예산처럼 언뜻 아득하게만 느껴지는 큰 숫자들도 '@변환'을 거치면 친근하게 느껴지죠. 45쪽의 표는 일본의 2019년도 '일반 회계 세입·세출 개산안', 소위 말하는 '국가 예산'입니다. 재무성이 공표한 내용을 보기 편하게 정리해놓은 것이죠. 먼저 세입 부분을 봅시다. 개산액이 약 101조 엔. 내역을 보면 세금이 62조 엔, 공채가 33조 엔, 기타 수입이 약 6조 엔이군요. 수입 62조 엔에 33조 엔의 부채는 조금 많다 싶지만, 몇 년 전까지는 수입보다 부채가 더 많은 상황이었으니 상당한 회복세를 타고 있다고 볼 수 있습니다.

이번에는 세출을 보겠습니다. 총액은 약 101조 엔, 세입과 같은 금액입니다. 내역을 보면 기초적 재정수지 대상 경비가 78조엔, 국채가 24조 엔입니다. 즉, 국가 운영에 78조 엔을, 지금까지 쌓인 빚 변제에 24조 엔을 할당하고 있는 것입니다. 비용의 내역은 사회보장비 34조 엔, 문화교육 및 과학 진흥비 5.6조 엔, 방위 관련 비용 5조 엔, 공공사업 관계 비용 7조 엔 등입니다.

자, 여기까지 살펴본 감상이 어떠신가요? 사회보장도, 방위도, 공공사업도 모두 중요한 일임에는 틀림없지만 솔직히 조 단위는 너무 큰 숫자라 현실감도 별로 없고, 남의 일처럼 느껴지지 않나요?

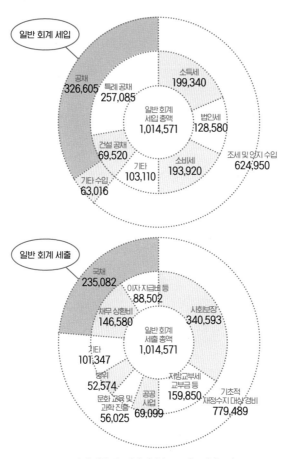

2019년도 일반 회계 세입·세출의 구성
(통상분+임시·특별 조치)
(단위: 억 엔)

일반 회계 세입

공채
326,605

특례 공채
257,085

건설 공채
69,520

기타 수입
63,016

기타
103,110

소비세
193,920

일반 회계
세입 총액
1,014,571

법인세
128,580

소득세
199,340

조세 및 인지 수입
624,950

일반 회계 세출

국채
235,082

이자 지급비 등
88,502

채무 상환비
146,580

기타
101,347

방위
52,574

문화 교육 및
과학 진흥
56,025

공공
사업
69,099

지방교부세
교부금 등
159,850

기초적
재정수지 대상 경비
779,489

사회보장
340,593

일반 회계
세출 총액
1,014,571

출처: 일본 재무성 홈페이지, 2019년도 예산 포인트

☺ Vs ☹

43

이쯤에서 국가 예산을 일본인 1인당 금액으로 '@변환' 해, 현실감 있는 숫자로 바꿔볼까요?

분모가 되는 일본의 인구는 약 1억 3천만 명입니다만, 계산을 간결하게 만들기 위해 1억 명으로 놓은 다음, 각 예산을 '@변환' 해봅시다. 그러면 각 숫자가 다음의 표와 같이 바뀝니다.

2019년도 일반 회계 세출·세입의 구성(1인당)

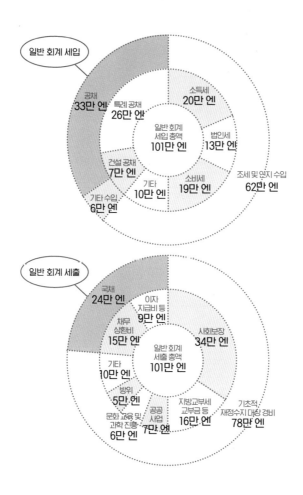

일반 회계 세입

공채
33만 엔

특례 공채
26만 엔

건설 공채
7만 엔

기타 수입
6만 엔

기타
10만 엔

일반 회계
세입 총액
101만 엔

소득세
20만 엔

법인세
13만 엔

소비세
19만 엔

조세 및 인지 수입
62만 엔

일반 회계 세출

공채
24만 엔

채무
상환비
15만 엔

이자
지급비 등
9만 엔

기타
10만 엔

방위
5만 엔

문화·교육 및
과학 진흥
6만 엔

공공
사업
7만 엔

일반 회계
세출 총액
101만 엔

사회보장
34만 엔

지방교부세
교부금 등
16만 엔

기초적
재정수지 대상 경비
78만 엔

세입은 일본인 1인당 101만 엔. 세금이 62만 엔이고 공채가 33만 엔입니다. 1인당 연간 62만 엔의 세금을 내고 있다고 생각하니 갑자기 현실적인 느낌이 들지 않나요? 배우자가 있다면 부부 한 쌍이 연간 124만 엔의 세금을 낸다는 계산입니다. 비교적 안심하고 다닐 수 있는 밤거리의 치안, 어느 정도 정돈된 인프라를 누리는 대가가 62만 엔이라는 뜻이죠. 많다면 많고, 적다면 적은 금액이지만 어쨌든 '자신의 일'로 받아들일 수 있게 된 것은 확실합니다.

이 숫자 중에서 최근 몇 년간 가장 큰 증가 폭을 보인 항목은 '사회보장' 관련 지출입니다. 지금은 34조 엔이지만 6년 전에는 29조 엔이었습니다. 즉, 1인당 부담이 29만 엔에서 34만 엔으로 늘었다는 이야기죠. 한 달 단위로 계산하면 2만 4천 엔 정도에서 약 2만 8천 엔으로 오른 셈입니다.

그뿐만 아니라 일본에서는 국민연금과 후생연금, 건강보험도 별도 공제라는 시스템으로 징수되고 있습니다. 그 금액 역시 상당하죠. 여기에 더해 세금의 3만 엔 정도가 사회보장에 쓰이고 있다는 말입니다. 월 3만 엔이면 500 엔짜리 도시락을 60개 살 수 있는 가격입니다. 한 달 점심 값이 이 정도인 분들도 있을 텐데요. 6년 전에는 2만 4천 엔 정도였다고 생각하면 부담이 꽤 커졌다는 인상을 받을 수도 있겠네요.

이 밖에 숫자로 말하기를 위해 꼭 추천하고 싶은 것이 자신이 속한 업계 규모를 '@변환' 해보는 일입니다. 기획재 정부가 공표한 통계 자료를 보면 각 업계의 매출 스케일을 알 수 있습니다. 이를 '@변환' 해서 규모를 파악하면 자사 의 전략 및 목표가 보일 것입니다. 이를 바탕으로 '우리 업 계는 아직 1조 원 규모지만, 앞으로 10명 중 한 명이 이 기술을 사용하는 시대가 오면 지금의 두 배로 성장할 가 능성이 있다'는 등의 예측을 통해 미래의 전략을 논할 수 있게 될 것입니다.

숫자로 말하지 못하는 사람

차를 사고 싶은데 너무 비싸.
갖고 싶긴 한데….

VS

숫자로 말하는 사람

이 차를 사면 매달 50만 원 정도의 돈을
지출해야 해. 과연 그만한 가치가 있을까?

'@변환'으로
미래를 이야기하는 방법

자가용은 정말 필요한가 ··· ♋

워낙 자동차를 좋아해서 대학 시절부터 직접 운전을 해왔습니다. 지금도 F1과 인디카의 거의 모든 경기를 생방송과 영상으로 챙겨보는 나름 마니아입니다. 젊은 세대들은 이해하기 어려운 취미일지도 모르겠네요.

그런 저조차 최근 들어서는 '자동차를 소유하는 습관이 과연 옳은 것인가' 하는 의문을 종종 갖습니다. 유럽과 미국에서 MaaS(Mobility as a Service)를 실증하는 실험이 시작되었기 때문입니다. MaaS는 자가용을 소유하지 않고 전철, 버스, 택시 같은 대중교통을 심리스(Seamless, 지역과 지역 간의 경계가 없는 맵 방식-옮긴이)로 이용하는 서비스를 뜻합니다. 모바일 애플리케이션으로 경로를 검색해, 그 자리에서 목적지까지 가는 교통편을 예약, 결제하죠. 월정액으로 무제한 이용 가능한 서브스크립션 모델도 있습니다. 매달 일정액을 지불하여 전철, 버스, 택시, 렌터카까지 원하는 만큼 탈 수 있는 서비스가 탄생한다면 정말 편리하지 않을까요?

'@변환'의 또 다른 장점. 그것은 '미래를 논할 수 있다'는 점입니다. 여기서는 자동차 소유 관련 이슈, MaaS의 가능성과 앞으로 펼쳐질 미래에 대해 함께 생각해봅시다. '@변환'을 활용해서 말이죠.

자가용을 소유하는 데 드는 비용은 얼마일까 ⋯ 🖂

유류비, 고속도로 이용료, 주차료 등. 자가용으로 다니다 보면 때마다 이런저런 비용이 들지만 하나씩 따로 놓고 보면 그 자체가 그렇게 비싸지는 않습니다. $1l$로 20km를 달리는 하이브리드 자동차의 경우, 드라이브 삼아 50km를 운전해봤자 기름을 $3l$도 안 쓸 테니까요. $1l$에 1,500원이라고 가정하면 5,000원 정도의 비용이 들 것입니다.

주차료는 장소에 따라 차이가 있습니다. 시내 중심부의 주차료는 대부분 한 시간에 5,000원 이상이라 몇 시간만 세워둬도 몇 만 원씩 지불해야 하지만, 목적지에 주차 시설이 있다면 당연히 돈이 들지 않겠죠. 주말의 교외는 주차 걱정 없이 드라이브할 수 있는 곳도 많을 테고요. 도로 이용료 또한 발생하는 경우도 있지만, 이 역시 경로에 따라 다릅니다. 여러 명이 같이 탈 경우, 기름값까지 포함한 금액이 전원의 지하철 요금보다 쌀 수도 있죠. 결국, 자동차로 외출할 때 필요한 직접 비용은 몇 천 원에서 몇 만 원 정도라 할 수 있습니다. 이렇게만 보면 자가용을 사는 것도 나쁘지 않다 싶을 텐데요. 사실, 이런 직접 비용들은 굳이 '@변환'을 거치지 않아도 어느 정도 실감할 수가 있습니다.

문제는 자동차를 소유하는 데 드는 돈이죠. 자동차의 감가상각은 일반 자동차로 치면 6년, 경차의 경우 4년입니다. 어디까지나 세법상의 이야기지만, 4~6년이 지나면 지금 구매한 자동차의 가치는 0이 된다는 말이죠. 간결한 계산을 위해 이 상각 기간을 5년으로 잡아봅시다.

2,000만 원짜리 신차를 구매한 경우, 매년 400만 원씩 (2,000만 원÷5년) 차의 가치가 떨어진다고 볼 수 있습니다. 월 단위로 계산하면 매달 약 30만 원씩 떨어지는 셈이죠. 즉, 자가용을 소유하는 것만으로 매달 30만 원이 사라진다는 뜻입니다. 그 밖에도 세금, 보험, 정기 주차료 등을 지불해야 할 테니, 어림잡아도 매년 200만 원 정도씩은 필요하겠네요. '@변환' 하면 이 역시 매달 20만 원에 가까운 금액이니, 만만치 않은 비용입니다.

'@변환'을 바탕으로 구매 여부를 결정하자 ··· 🦊

총액을 생각하면 연간 약 600만 원, 매달 50만 원 정도의 비용이 듭니다. 그만큼의 가치가 있는지 고민하게 되는 금액이네요. 하루당 지출 비용으로 계산하면 약 16,000~17,000원. 차를 타든 타지 않든, 이 돈은 매일 꼬박꼬박 빠져나갑니다.

매일 차를 타고 다니면 16,000~17,000원의 비용에 기름값 등의 직접 비용이 별도로 추가될 것입니다. 주 2회 정도 자가용을 이용하는 사람이 그때마다 그 비용을 지불한다고 치면, 회당 이용료(1일 이용료)는 5~6만 원 정도가 되겠죠. 누군가는 주말에 동네 슈퍼에 가기 위해 회당 약 5만 원을 지불하고 있는 셈입니다. 결코 적지 않은 비용이죠.

자가용 구매를 검토할 때에는 단순히 자동차의 가격만 생각할 것이 아니라, 이런 계산을 거쳐 판단해야 합니다. 이에 더해 가족들의 동선, 통근 및 통학 환경까지 고려한 다음, 필요하다는 결론이 나면 그때 구매하면 됩니다.

이처럼 무언가의 구매 혹은 이용 여부를 검토할 때도 '@변환'은 큰 도움이 됩니다. 여기서는 개인적인 사례를 들어 설명했지만 업무에 있어서도 마찬가지입니다. 사무실에 어떤 시스템을 도입할 것인가 말 것인가, 새로운 복사기를 들여놓을 것인가 말 것인가 등도 '@변환'의 과정을 거치면 훨씬 더 효율적으로 논의할 수 있습니다.

한편 '@변환'을 응용한 '줌 아웃'을 통해 새로운 발견을 하는 경우도 있습니다. 앞서 언급한 사례에서 자동차를 소유하는 데 연간 600만 원 정도의 비용이 든다고 계산했었는데요. 한국의 경우 개인 소유의 자동차는 약 1,900만 대입니다. 1대당 연간 600만 원의 보유 비용이 발생한다고 가정하면 총액은 114조 원. 114조 원은 상당히 임팩트 있는 숫자입니다. 한국 사람들이 자동차를 소유하는 것만으로 연간 114조 원의 거대한 비즈니스가 성립되고 있다는 말이죠.

'만약 이 114조 원의 일부가 MaaS 등의 서비스로 대체된다면?' 유럽 및 미국의 일부 도시에서 시험해보기 시작한 '이동 수단 셰어링'은 이런 발상이 기점이 된 것입니다. MasS의 경우, 전용 애플리케이션으로 필요한 교통수단을 예약하고 결제할 수가 있습니다. 구글로 목적지를 찾아, 경로를 확인한 다음 그 자리에서 예약부터 결제까지 마무리하는 흐름이죠. 앞서 설명했듯 월정액 모델도 있습니다.

예를 들어, 월 30만 원으로 지하철, 버스, 택시 등을 무제한으로 탈 수 있게 되어 한국 인구의 3분의 1인 1,600만 명이 이 서비스를 이용하게 된다면 MaaS 업계는 연간 약 58조 원 규모의 산업이 됩니다. 자가용에 지불하는 114조 원의 절반을 새로운 이동 비즈니스에 분배함으로써 완전히 다른 형태의 미래가 펼쳐지는 것이죠.

교통 체증 완화나 주차 공간 확보, 간선도로의 효율적 활용 등 대중 교통기관의 이용 환경이 개선되는 사회적 이익도 기대할 수 있습니다. 환경 정책 및 지속가능성과도 연결되는, 여러 세대의 공감을 얻을 수 있는 라이프 스타일입니다.

운전자 확보, 자율 주행의 진화, 신차 판매로 수익을 얻는 자동차 업계의 사업 전환 대책 등 MaaS의 실현을 위해 넘어야 할 장벽이 많은 것도 사실입니다. 그러나 공유경제에 대한 의식은 날로 높아지고 있습니다. 모두가 MaaS 애플리케이션을 통해 쾌적하게 대중 교통을 이용하는 날이 그리 멀지 않았는지도 모릅니다.

이렇듯, 눈앞의 숫자에 주목하면 사회 속 변혁의 힌트

를 얻을 수도 있습니다. 바로 이것이 '@변환'의 힘이자 매력이죠.

1장의 포인트

$$+ - \times \div \%$$

- 어떤 주제든 '@변환'을 거쳐 큰 숫자를 현실감 있는 숫자로 바꿔 전달하자.

- 자신이 속한 업계에 대해 논할 때는 '1인당' 숫자로 바꿔 말해보자.

- 무언가를 살 때는 '@변환'을 통해 가치가 그 금액에 걸맞은지 검토해보자.

숫자가
싫어서

2장

구체적인 숫자가 없으면
사람들은 움직이지 않는다

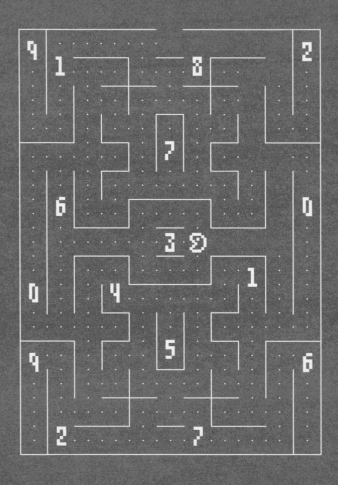

숫자로 말하지 못하는 사람

영업은 무조건 발로 뛰어야 돼.
방문 건수를 더 늘리도록!

VS

숫자로 말하는 사람

성공률은 약 5%. 이런 상황이니만큼
방문 건수를 20% 정도는 늘려야 해.
쉽지 않겠지만 조금 더 노력해주게.

'발로 뛰어서 더 벌어오도록!'에서
'더'를 수치화하자

영업의 상당 부분은 숫자로 표현할 수 있다 ⋯ 🤖

앞서 '방문 건수를 더 늘리도록!'과 같은 표현은 모호한 지시라고 지적한 바 있습니다. '더'라는 것이 5건인지, 10건인지 구체적인 숫자가 없으면 사람들은 움직이지 않습니다. 여기서 한 가지, 아직 제대로 살펴보지 않은 것이 있죠. 방문 건수를 구체적인 숫자로 바꿔서 전달하는 방법 말입니다.

'지금은 하루 다섯 군데를 돌고 있으니 1건씩만 더 해보자'라는 발상도 가능할 것이고, '매출을 10% 올리고 싶으니, 방문 건수도 10% 늘려보자'라는 접근 역시 가능할 것입니다. 실은, 이런 목표도 더욱 정확하게 계산이 가능합니다. 노력과 열정으로 승부하는 업계라고들 하지만 사실 영업은 숫자로 말하고, 숫자로 움직이는 세계니까요.

비즈니스 전반에 활용되는 퍼널 ··· 🌀

여기서 기억해뒀으면 하는 것이 '퍼널funnel'이라는 개념입니다. 앞장에서 설명한 '@변환'의 응용 버전이라 할 수 있으며, 최근 몇 년간 온라인 비즈니스를 성장시키는 방법으로 주목받고 있습니다.

퍼널이란 '깔때기'를 뜻하는데, 비즈니스 프로세스를 단계별로 나눠 그 확률을 계산한 것입니다. 단계별로 숫자가 줄어드는 모양새가 깔때기의 점점 좁아지는 모습과 유사하죠. 이는 오래전부터 영업 활동 및 일감 수주 등에 활용되던 개념입니다. '1건의 계약을 체결하려면 몇 건의 미팅을 잡아야 할까?' 능력 있는 영업 사원이라면 혹여 퍼널이라는 용어를 모르더라도, 일상적으로 이런 고민을 할 것입니다.

우선 이 장에서는 영업을 예로 들어 퍼널의 개념 및 패턴을 소개하려 합니다. 5장 이후부터는 온라인 비즈니스에서 퍼널이 어떻게 활용되고 있는지 풀어보겠습니다. 구글 애널리스틱을 이용해 각각의 수치로 분해하는 방법과 디지털 마케팅의 개요 등 현장의 감각을 알 수 있는 실무적인 내용을 소개하겠습니다.

디지털 테크놀로지의 진화에 따라 퍼널을 활용한 영업 및 마케팅의 힘은 한층 강력해지고 있습니다. 시대에 뒤떨어지지 않도록 확실히 알아두는 것이 좋겠죠?

전환율 계산하기 ⋯ 🄳

영업을 하다 보면 다양한 장애물을 맞닥뜨리게 됩니다. 일단, 사전 약속을 잡고 방문하지 않으면 거래의 시작 자체가 불가능합니다. 어찌어찌 약속을 잡아 제안을 해도 거절당할 수도 있죠. 초반에 긍정적인 반응을 얻었음에도 불구하고, 최종 단계에서 조건이 맞지 않아 엎어지기도 하고요.

이렇듯 영업의 세계에는 단계별로 장벽이 존재하고, 이를 돌파하지 못하면 계약을 성사시킬 수 없습니다. 이때의 돌파율을 전환율conversion rate이라 부릅니다. 영업에도 다양한 스타일이 있지만, 여기서는 그 과정을 '방문', '제안', '마무리'의 3단계로 나눠보겠습니다.

만약 각각의 전환율이 50%라고 하면, 다음과 같은 수치가 나옵니다.

방문 성공률(50%) × 제안 성공률(50%) × 마무리 성공률(50%)

= 거래 성공률 12.5%

대략 13%니까, 8번 시도하면 1번 정도 성공하는 꼴입니다. 생각보다 확률이 낮다는 느낌도 드는데요.

이 전환율을 이해할 때 비로소 '더'가 의미하는 수치를 알 수 있습니다. 전환율 13%의 계약을 1건 더 성사시켜야 한다면 이때의 '더'는 '약 8번의 방문'을 뜻하는 말이 되겠죠. 이처럼 통계적 성공률에 맞춰 물건을 판매하는 시스템이 바로 퍼널입니다.

555 퍼널

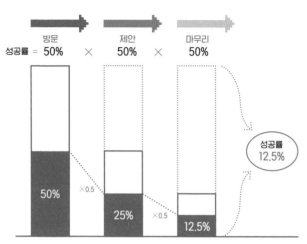

앞에서 설명했듯이, 퍼널이란 깔때기란 의미입니다. 점점 좁아지는 깔때기의 모양이 일감 수주 및 고객의 구매 단계와 닮아 있기 때문이죠.

이 사례는 단계별 전환율이 0.5(50%)이므로 '555 퍼널'이라고 이름 붙여봤습니다. 여기서 말하는 555는 어디까지나 가상의 숫자로, 영업 스타일 및 취급 상품에 따라 얼마든지 달라질 수 있습니다. 실무에서는 자사의 활동 내용, 계약 성공률 등을 계산해 각자에게 유효한 퍼널의 숫자를 도출할 필요가 있겠죠.

법인 영업은 '555' 법칙을 따른다?

다만, 영업 방식별로 어느 정도 '모델화'할 수는 있습니다. 실제로 법인 영업 분야에서는 이 555 퍼널로 계약을 성사시키는 경우가 많다고 하는데요.

MR(의약 정보 담당자) 등이 전형적인 예입니다. MR이란 의약품을 취급하는 영업 사원으로, 의사나 병원에 의약 정보를 제공하는 일을 합니다. 주기적으로 담당 병원이나 의사를 찾아가 자사 의약품의 납품을 제안해 처방 약으로 사용하도록 하는, 이른바 '루트 세일즈' 업무죠.

의약품은 의사가 직접 매입하는 것이 아니라, 환자들이 의사의 처방에 따라 약국에서 사비(혹은 건강보험)로 구매하는 제품입니다. 즉, 직접적인 가격 협상은 영업의 포인트가 아니죠. 그런 만큼, 상품 자체의 매력은 물론이고 영업 사원의 기술 및 인간성 역시 결정에 막대한 영향을 끼칩니다. 루트 세일즈에서는 '상대방에게 호감을 얻는 것'이 무엇보다 중요합니다. 의료 지식은 물론, 경쟁사의 정보도 파악하고 있어야 하고요.

무작정 방문하는 영업과는 달리 어느 정도 면식은 있으니 성공률이 아주 저조하지는 않을 것입니다. 그럼에도 불구하고 제안이 받아들여질 확률은 반반. 단계별 전환율은 50% 정도겠죠.

이 밖에도 클라이언트에게 시스템을 영업하는 IT 기업, 어패럴 기업에 기획을 제안하는 디자인 회사 등 법인을 상대로 하는 루트 세일즈는 이 555 퍼널과 유사한 패턴을 띠는 경우가 많다고 합니다.

퍼널은 어떤 자연 현상이 일어날 확률의 추정 같은 것입니다. 이를 의식하고 영업 활동을 하면 유리한 부분이 있죠. 가령, 절차에 따라 계약을 추진하고 있었는데, 갑자기 상대가 입을 닫아버렸다고 합시다. 초조하겠지만 퍼널의 특징을 생각해서라도 그냥 포기하고 돌아서면 안 됩니다. 구체적인 숫자가 오가는 마무리 단계에서는 상대 또한 고심할 수밖에 없죠. 구체적인 숫자에 대해 침묵하는 것은 오히려 상대가 진지하게 고민하고 있다는 신호일 수 있습니다. 그저 묵묵히 기다리는 자세가 중요합니다. 어쩌면 이럴 때는 '성공률은 퍼널의 이론적 수치에 가까워진다'고 생각하며 상대의 반응을 즐기는 여유가 필요할지도 모르겠네요.

일단 찾아가는 영업은 '335'의 엄격한 세계 ··· 🖭

개중에는 '555 퍼널이라니, 말도 안 된다'고 생각하는 사람도 있을지 모릅니다. 실제로 이 모델은 상대와의 관계가 어느 정도 구축되어 있다는 전제하에 성립됩니다. 무작정 찾아가는 영업이나 텔레마케팅처럼 정보가 전혀 없는 상태에서 얼굴도 모르는 상대에게 영업을 할 경우에는 확률이 크게 떨어지죠. 아마 다음과 같은 계산에 가까울 것입니다.

방문 성공률(30%) × 제안 성공률(30%) × 마무리 성공률(50%)
= 거래 성공률 4.5%

만약 방문에 성공해 담당자와 이야기를 나눌 기회를 얻는다면 약 30%의 확률로 다음 단계로 넘어갈 수 있을 것입니다. 상품 제안이 성공할 확률도 30% 정도. 그러다 어렵게 마지막 단계까지 가면 약 50%의 확률로 거래가 성공하겠죠.

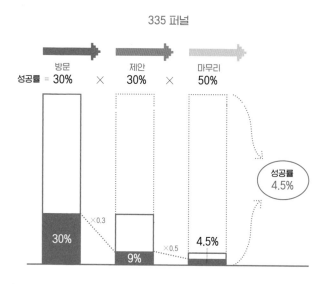

335 퍼널

성공률은 불과 5% 정도. 100번 도전해 5번 성공하다니, 결국 대부분의 시도는 실패로 끝난다는 뜻입니다. 이것이 이른바 '335 퍼널'이죠. 여기에 비하면 루트 세일즈 담당자는 그나마 편한 환경에서 일하는 셈입니다.

게다가 이런 식의 영업은 사전에 넘어야 할 벽이 하나 더 있죠. 바로 '약속 잡기'입니다. 요즘 시대에 느닷없이 전화해 약속을 잡기란 그리 쉬운 일이 아닙니다. 만약 10건의 전화를 걸어 1건의 약속밖에 잡지 못했다면 앞서 말한 335 법칙의 성공률은 0.45%까지 떨어집니다.

약속 잡기 성공률(10%) × 방문 성공률(30%) × 제안 성공률(30%)

× 마무리 성공률(50%) = 거래 성공률 0.45%

학습한다고 영업 성과를 올릴 수 있을까? ⋯ 🙂

그렇다면, 조금이라도 성공률을 높이기 위해서는 어떻게 해야 할까요. 우수한 영업 사원의 방식을 퍼뜨리거나 영업 관련 책을 읽으며 단계별 전환율을 개선하는 방법도 있겠죠. 다만, 이런 영업 기술은 상당 부분 태생적 성향과

재능에 좌우됩니다. 화술은 트레이닝으로 어느 정도 마스터할 수 있지만, 타고난 사람들은 배우지 않고도 잘하니까요. 글쓰기나 제안서 작성 또한 선천적으로 상대의 마음을 쉽게 자극하는 사람들이 있습니다. 검색 감각과 센스가 남다른 사람도 있고, 딱히 뭘 하지 않아도 특유의 분위기로 호감을 얻는 영업 사원들도 있죠.

현실적으로 생각하면 결국, 시도 횟수를 늘리는 수밖에 없습니다. 꼭 거래 관련 미팅이 아니더라도 다른 용건을 만들어 자주 고객을 만나러 가고, 이런 노력을 거듭해 모수를 늘리는 것 외에 영업 성과를 올리는 왕도는 없죠.

555 퍼널의 직종이라도 기본적으로는 마찬가지입니다. 개인적으로 영업 기술을 연마해 50%의 계약 성사율을 60%로 올릴 수는 있지만, 이를 70%, 80%까지 끌어올리기란 여간 어려운 일이 아닙니다.

숫자를 이용해 영업 성적을 가시화하기 ⋯ 🗊

'어떻게 하면 영업 성적이 오를까?'라는 질문의 답이 결국 '발로 뛰어라'가 되는 것은 이런 연유에서입니다. 고전적인 방식을 고집하는 상사들이나 할 것 같은 말이지만, 현장의 직감과 경험은 의외로 정확한 법이죠.

다만, 이때 중요한 것이 '전달 방식'입니다. "누가 뭐래도 영업은 발로 뛰는 거니까 구시렁대지 말고 무조건 밖으로 나가!"라고 말하는 것과 전환율에 대해 충분히 설명한 다음 "상황이 이러니 힘들겠지만 고객을 만나러 가자!"라고 말하는 것 중 어느 쪽이 더 효과적으로 전달될지는 안 봐도 훤하죠.

영업 일을 하다 보면 자신의 커리어가 어딜 향해 가는지 혼란스러울 때도 있고, 멀기만 한 골대를 향해 달리다 지치는 일도 많습니다. 그렇기 때문에 더더욱 숫자로 말하기를 통해 목표와 현재 상황을 가시화하는 일이 중요해지죠.

그러기 위해서는 퍼널 개념을 이용해 자사의 영업을 가시화하는 일부터 해야 합니다. 그렇게 되면 영업 현장에서 "앞으로 천만 원의 매출을 더 올려야 하니 1인당 5건씩 방문 횟수를 늘립시다", "영업 사원이 매달 50건의 시도를 하면 1억 원의 이익을 기대할 수 있습니다. 그러니 업무 환경 정비에 힘을 쏟읍시다" 등 숫자를 사용한 대화를 나눌 수 있게 됩니다.

숫자로 말하지 못하는 사람

이 상품의 매출을 25% 올리기 위해
일단 노출량을 늘릴 생각입니다.

VS

숫자로 말하는 사람

이 상품의 매출을 25% 올리기 위해
노출량을 5배 늘릴 생각입니다.

모든 일을 335로 해석한다

영업 이외의 분야에서도 퍼널이 유용한 이유는?   ··· 💬

퍼널 개념은 영업 외에도 다양한 분야에서 유용한데, 특히 335 퍼널은 여러 상황에 적용이 가능합니다. 구체적으로는 소매점의 판매, 온라인의 다이렉트 판매, 홈쇼핑 등이 그렇죠. 나아가서는 대인관계에도 응용할 수 있습니다.

세 단계를 구매자 입장에서 해석해보면 335 퍼널이 이렇게 많은 분야에 적용 가능한 이유를 알 수 있을 것입니다.

관심을 가질 확률(30%) × 그 상품이나 서비스를 원하게 될 확률 (30%) × 조건을 검토한 후 구매할 확률(50%) = 구매율 4.5%

이것은 고전적인 마케팅 이론 'AIDMA 모델'과 닮았습니다. AIDMA란 고객의 구매 과정을 5단계로 나눠 분석하는 것으로, 구체적인 내용은 다음과 같습니다.

A(Attention): 인식한다, 주의를 환기시킨다.

I(Interest): 원하게 된다.

D(Desire): 갖고 싶어진다.

M(Memory): 상품명을 기억한다.

A(Action): 구매한다.

고객이 구매에 도달하는 다섯 단계를 나타낸 모델이죠. 영업의 경우, 고객을 만난 시점부터 업무가 시작되므로 첫 번째 단계인 A는 진행됐다고 볼 수 있습니다. M과 A는 하나로 모을 수도 있는데 이를 정리해보면 다음의 퍼널이 됩니다.

I: 흥미를 가질 확률(30%)

D: 그 상품이나 서비스를 원하게 될 확률(30%)

A : 검토하고 알아본 후 구매할 확률(50%)

가전제품 판매점을 예로 들어볼까요? 가게에 온 손님이 어떤 상품에 관심이 생겨 걸음을 멈췄습니다(Interest). 그 상품을 손에 든 채로 설명서를 읽으며 테스트를 해보고 내가 쓸 물건으로 적당한지 생각합니다(Desire). 그리고 가격과 사이즈, 디자인, 성능 등을 마지막까지 확인한 후 구매를 결정합니다(Action).

점포를 방문한 고객이 335 퍼널을 통해 상품을 구매할 확률은 약 5%. 가게를 찾는 인원이 100명이면 5명이 상품을 구매한다는 계산이 나옵니다. 어떠한가요? 업종에 따라 차이는 있겠지만 그렇게 엉뚱한 수치는 아니지 않나요?

세상의 모든 일은 335로 통한다 ⋯ 🖸

퍼널은 콜센터를 통한 다이렉트 판매에도 사용됩니다. TV를 보다가 상품에 관심이 생긴 고객이 전화를 걸어 상담사의 설명을 듣고 구매를 결정합니다. 그러면 기업은 그 퍼널을 계산해 정보의 투입량이나 오퍼레이터의 숫자 등을 조정하죠.

고객의 문의를 기회 삼아 더욱 적극적인 영업을 펼칠 수도 있습니다. 예를 들어, 고객의 질문에 정중하게 답한 후, "지금 신청하시면 30% 할인된 가격으로 드릴 수 있습니다"라고 한 번 더 어필하면 전환율의 상승을 기대할 수 있다는 것이죠.

전화를 사용한 상술에는 다양한 패턴이 있으며 간혹 악용되는 사례도 있습니다. 전화를 이용한 특수 사기가 여전히 존재하는 것은 전화를 통한 영업 활동이 일정한 퍼널의 확률로 성공하기 때문이겠죠. 씁쓸한 사실이지만 퍼널의 응용 범위는 이토록 넓습니다.

저는 지금까지 온라인 은행의 계좌 개설 및 금융 상품 판매, 신용카드 가입 권유와 보험 판매, 뉴스레터를 활용한 인터넷 통판 및 전화를 이용한 다이렉트 판매 등 다양한 프로젝트에 참여해왔습니다. 이런 경험을 통해 깨달은 점은 모든 사례의 성공률이 335 퍼널인 5% 정도의 수준에 정착한다는 것입니다.

첫 만남에서 나에게 호감을 느낄 확률은 ⋯ ⏰

하지만 이것은 단순한 경험적 수치가 아닙니다. 이 335라는 숫자는 통계적으로도 설명이 가능하죠.

이때 등장하는 것이 바로 '정규분포'입니다. 자세한 설명은 다음 장에서 하겠지만, 세상의 많은 일들은 정규분포라는 데이터 분산의 패턴을 띕니다. 대인관계에 빗대자면, 첫 만남에서 상대가 내게 호감을 가질 확률이 16%, 부정적인 인상을 가질 확률이 16%이며, 68%는 어느 쪽의 인상도 받지 않을 가능성이 높다고 합니다. 어느 쪽도 아닌 사람들을 세분화하면 그중 34%가 '둘 중 한쪽을 고르라면 호감' 나머지 34%가 '둘 중 한쪽을 고르라면 비호감'으로 분포한다고요.

영업의 기회를 얻었다면 상대는 내게 호감을 가지거나, 호감에 가까운 인상을 받은 50%에 속한다고 가정할 수 있습니다. 이 그룹을 다시 100으로 놓았을 때, 호감을 가진 사람은 32%, 즉 약 30%에 해당합니다. 그러므로 첫 단계의 돌파율은 3이 된다고 정리할 수 있죠.

뒤집어 말하면, 아무리 우수한 영업 사원이라도 일정 비율의 사람에게는 물건을 팔 수 없다는 의미이기도 합니다. 이 또한 정규분포의 특성상 '16% 정도가 부정적인 인상을 가지는 것은 자연스러운 일'이라고 생각하면 납득이 가겠죠.

이렇듯 335 퍼널은 정규분포의 이론을 따릅니다. 그렇기 때문에 다양한 상황에 응용 가능한 것이죠.

		영업의 기회를 얻은 경우	
	둘 중 한쪽을 고르라면		
비호감 16%	비호감 34%	호감 34%	호감 16%

16%는 내게 부정적인 인상을 가질 수밖에 없다 ···

이쯤에서 영업 사원들에게 전해주고 싶은 말이 있습니다. 정규분포의 관점에서 보면 아무리 열심히 해도 16%는 내게 부정적인 인상을 가질 수밖에 없다는 사실을 기억하라는 것입니다.

영업 실적이 오르지 않거나 관계에 발전이 없으면 '나한테 매력이 없는 건 아닐까?' 하는 고민에 빠지기 쉽습니다. 하지만 실제로는 아무리 내가 애를 써도, 16% 정도는 나를 부정적으로 보게 되어 있는 것이죠. 이 점을 기억하면 어두운 기분에서 조금 더 쉽게 벗어날 수 있지 않을까요?

조금 극단적인 표현일지 모르지만, 이 말인즉슨, 특별한 노력을 하지 않아도 16%의 사람들에게는 호감을 얻을 수 있다는 뜻이기도 합니다. 결국 '아무리 애써도 마음을 열어주지 않는 16%에 매달리기보다, 훌훌 털어버리고 한 사람이라도 더 만나는 것이 최고의 영업 노하우'라는 결론에 도달할 것입니다.

2장의 포인트 ＋ － × ÷ ％

- 자신의 업무를 '퍼널'로 변환해 전달하자.
- 발로 뛰라는 말 대신 '확률'로 목표를 전달하자.
- '모든 시도가 성공할 수는 없음'을 전제로 하자.

숫자가
싫어서

··· 3장 ···

편차치를 알면
세상이 바뀐다

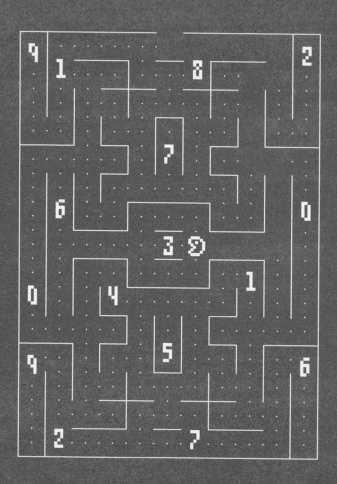

숫자로 말하지 못하는 사람

새로운 인사 제도에 관한 반대 의견이
여러 건 있었습니다. 어떻게 할까요?

VS

숫자로 말하는 사람

새로운 인사 제도에 관해 3건의
반대 의견이 있었으나 이는 전체의
1% 정도로, 허용 가능한 범위입니다.

'모두'란 과연 누구인가

편차치를 알면, 세상이 바뀐다! ··· 🅓

앞에서 "모두 그렇게들 말한다"고 주장하는 목소리 큰 사람의 예를 언급했습니다. 말로는 모두라 해도 실제로는 전혀 그렇지 않다는 이야기였는데요. 그렇다면 '모두'의 진짜 실체는 무엇일까요. 생각보다 복잡한 문제지만, 지금부터 찬찬히 알아가 봅시다.

빅 데이터의 시대로 접어들면서 통계가 새롭게 주목을 받고 있습니다. 실제로도 아주 중요한 요소인데, 많은 이들이 지레 겁을 먹고 멀리하는 것 같아 안타깝습니다. 그중 대표적인 것이 바로 '편차치'입니다.

많은 이들이 수험생 시절, 편차치를 접해봤을 텐데요. 막연히 자신의 시험 점수를 나타내는 수치로만 기억하고 있을지도 모르겠습니다. 뭐가 됐든, 입시와 관련된 기억을 떠올리는 것은 그리 즐겁지 않죠.

하지만, 알고 보면 이 편차치만큼 업무에 큰 도움이 되는 것이 또 없습니다. 과장이 아닙니다. 편차치를 제대로 활용하면 눈앞에 새로운 세상이 펼쳐질 것입니다.

MBA에서 제일 먼저 배우는 것은 통계 · · · 🐣

편차치의 의의는 '단순한 숫자에서 의미를 도출해내는 것'에 있습니다. 숫자를 자신의 일로 만들어 의미를 파악하는 '@변환'과 비슷하죠.

'이야기에 설득력이 생긴다', '미래를 논할 수 있게 된다', '조직을 움직일 수 있게 된다' 등 온통 좋은 점들뿐입니다. 거기에 '괴변에 속지 않는다', '왜곡된 정보 조작에 현혹되지 않는다' 등의 장점까지 지니고 있으니, 그야말로 숫자로 말하기에 꼭 필요한 핵심 기술이라 할 수 있겠죠.

제가 공부했던 시카고 대학의 MBA에서는 첫 학기에 통계학 수업을 이수합니다. 편차치를 시작으로 통계학의 기초지식을 배우죠. 통계학은 회계학과 함께 MBA 과정의 기본 중 기본에 해당합니다.

분산, 정규분포, 표준편차 등 통계학과 관련된 까다로운 용어들이 등장하기는 하지만 꼭 함께 따라와 주셨으면 합니다.

평균 신장으로 편차치 알아보기   ⋯ 🖋

편차치에 관한 이야기를 하고 있습니다만 애초에 이것이 무엇인지 모르는, 혹은 기억이 잘 나지 않는 사람도 꽤 있을 것 같습니다. 자 그럼, 일본 남성의 평균 신장을 예로 들어 설명해볼까요.

일본 남성의 평균 신장이 170㎝라고 합시다. 이 평균 신장을 중심으로 키가 큰 사람부터 작은 사람까지 다양한 사람들이 있습니다. 통계학에서는 다음의 도표처럼 신장별 사람들이 '정규분포'한다고 가정합니다.

가로축이 신장, 세로축이 분포수를 나타내는 그래프인데요.

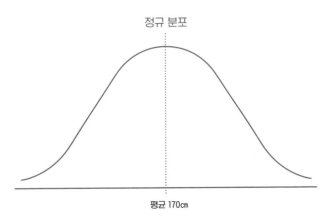

정규 분포

평균 170cm

*통계학에서는 이런 곡선을 그린다고 가정한다.

그래프의 꼭짓점. 즉, 사람 수가 가장 많은 곳이 평균인 170cm입니다. 평균 신장인 170cm 전후의 사람들이 많은 것은 상식적으로도 납득이 가지 않나요? 이를 중심으로 그래프의 양쪽은 서서히 인원수가 줄며 분산되고 있습니다. 즉, 170cm인 사람보다 175cm인 사람이 적고, 180cm인 사람의 수는 더더욱 적어진다고 해석할 수 있죠. 이런 분산의 정도를 나타내는 수치를 '표준편차'라 부릅니다.

'편차치는 들어봤어도, 표준편차란 말은 생경하다'는 분들이 많을 것 같은데요, 사실 편차치를 나타내는 성적표에는 반드시 표준편차도 함께 표시되어 있습니다. 그러나 학교에서 편차치의 본질까지 가르쳐주지는 않기 때문에 표준편차를 모르는 사람이 많은 것도 당연한 일이죠.

표준편차를 간단히 설명하면 '정규분포의 어느 부분에 해당하는지를 계산하기 위해 사용되는 수치'입니다. 지금부터 표준편차의 계산법을 간단히 설명할 텐데, 관심이 없는 분들은 그냥 넘어가셔도 됩니다.

표준편차를 구하려면 다소 복잡한 계산이 필요합니다. 일단, 평균치를 계산한 다음, 샘플 내의 각 수치와의 차를 각각 제곱합니다. 이들의 총합을 샘플 수로 나눠 루트 계산을 통해 제곱한 것을 원래대로 돌립니다. 이것이 표준편차입니다.

계산식은 다음과 같습니다.

$$표준편차 = \sqrt{(샘플 - 평균)^2 + (샘플2 - 평균)^2 + \cdots / 샘플수}$$

예를 들어 10, 20, 30, 40, 50. 이 다섯 개 숫자로 표준편차를 구해볼까요.

평균=(10+20+30+40+50)/5=30

표준편차=$\sqrt{(10-30)^2+(20-30)^2+(30-30)^2+(40-30)^2+(50-30)^2/5}$=14.1

즉, 이 경우의 표준편차는 14.1이 됩니다.

이 계산에 따르면 남성 신장 분포의 표준편차는 약 6cm입니다.

정규분포에서는 '평균 ± 표준편차'의 범위에 전체의 68%가 속하게 되어 있습니다(정확히 말하면 편의상 그렇게 정의하도록 되어 있죠).

다시 말해, 남성 68%의 신장이 164cm(170cm - 6cm)부터 176cm(170cm + 6cm) 사이에 속해 있다는 것입니다.

'평균 ± (표준편차×2)'이면 전체의 95%가 포함되죠. 158cm(170cm - 6cm×2)부터 182cm(170cm+6cm×2) 사이에 95%가 속한다는 뜻입니다. 표준편차를 알면 자신이 전체에서 어느 정도 위치에 있는지 알 수 있습니다.

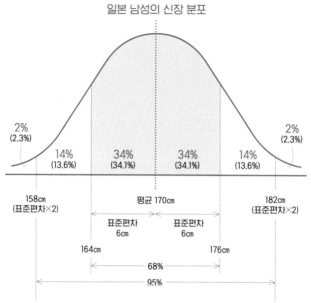

일본 남성의 신장 분포

2%
(2.3%)
14%
(13.6%)
34%
(34.1%)
34%
(34.1%)
14%
(13.6%)
2%
(2.3%)

158cm
(표준편차×2)
평균 170cm
182cm
(표준편차×2)

표준편차
6cm
표준편차
6cm

164cm
176cm

68%

95%

*평균 ± 표준편차 사이에 전체의 68%가 포함되어 있다.

자신의 위치를 알게 해주는 편차치 ··· 🗐

편차치는 이런 응용을 통해 자신이 전체 중 어디쯤 속하는지를 보다 알기 쉽게 수치화한 것입니다. 조금 더 자세히 말하면, 평균치를 '편차치 50'으로 정하고 '평균±표준편차'를 10으로 두고 계산하죠.

앞서 들었던 신장의 사례에서 표준편차는 6㎝였습니다. 예를 들어, 신장이 176㎝일 경우 평균(170㎝) + 표준편차(6㎝)였기 때문에, 편차치는 다음과 같습니다.

편차치 50(170㎝=평균) + 편차치 10(6㎝=표준편차) = 편차치 60

즉, 신장 176㎝는 '편차치 60'이 되는 것이죠. 신장이 164㎝라면, 편차치는 다음처럼 계산합니다.

편차치 50(170㎝=평균) - 편차치 10(6㎝=표준편차) = 편차치 40

앞서 말했듯이 '평균±표준편차' 안에 전체의 68%가 포함된다는 사실을 알면 전체 중 자신이 어디에 속하는지가 눈에 들어옵니다. 예컨대, 편차치 60이라는 말은 상위 16%에 위치하고 있다는 것입니다. 즉, 100명이 있을 경우 위에서부터 16번째라는 뜻이죠. 편차치 40이면 상위 84%, 100명 중에 84번째라는 의미입니다.

자, 이제 왜 시험에서 편차치가 중요한지 아시겠죠? 시험은 어디까지나 다른 수험생과의 경쟁입니다. 아무리 높은 점수를 받아도 다른 사람이 그 이상의 점수를 얻으면 떨어지고, 정답률이 50%에 그쳐도 다른 사람들의 점수가 더 낮으면 합격하죠. 중요한 것은 점수가 아니라 '전체에서 몇 번째인가'입니다. 이를 나타내는 수치가 바로 편차치인 것이죠.

앞에서 '정규분포에서는 편의상 이렇게 가정한다'고 설명했습니다만, 실제로 세상의 많은 일들이 표준편차에 가까운 숫자가 됩니다. 신장의 예만 봐도 그렇죠. 182cm 이상인 사람이 2%를 조금 넘는 정도, 즉 100명 중 두세 명이라고 생각하면 체감적으로도 수긍이 되지 않나요?

실제로 키와 몸무게, 주가의 등락, 자연 현상의 발생 빈도 등 많은 것들이 이런 분포를 보입니다. 과장을 조금 보태자면, 우주의 모든 일이 정규분포를 띠도록 만들어져 있다고도 볼 수 있죠.

이쯤에서, 처음의 논제로 다시 돌아가 봅시다. '모두'란 과연 무엇을 가리키는 것일까? 그리고 어떻게 하면 극단적 의견을 가진 저항 세력을 배제하고, 개혁을 진행할 수 있을까? 정규분포의 개념으로 '모두란 누구인가'에 관해 이야기할 때, 정중앙의 68%의 사람이 같은 생각을 가지고 있다면 이는 '모두'라고 말해도 틀림이 없을 것입니다.

반면, 양극에 있는 2% 사람의 의견은 당연히 '모두'라 할 수 없겠죠. 16%의 의견이 모여도 '모두'라 칭하기에는 무리가 있습니다. 참고로 회사에서 무언가 새로운 일을 추진하고자 할 경우, 초반의 반응은 '중립 68%, 지지 16%, 반대 16%'의 양상을 띠는 경우가 많습니다. 그 안에는 극단적인 지지와 반대가 각각 2% 정도씩 존재할 테고요.

어떠한가요? 실제로 조직 내의 의견 분포에 이런 경향이 있는 것 같지 않나요? 비록, 실제 수치와 차이가 있더라도 이렇게 가정하는 것에는 여러 장점이 있습니다. 일부 목소리 큰 사람의 극단적 의견을 '늘 2% 정도는 이런 사람이 있지'라고 생각하면서 쉽게 흘려보낼 수 있죠. 또한, 대부분의 사람들 즉, 전체의 68%가 좀처럼 의견을 표명하지 않음을 알게 되면 애매한 태도를 취하는 사람들에게 짜증을 내기보다 어떻게 하면 이들을 움직일 수 있는지 고민하게 되지 않을까요?

일부의 의견에 일일이 과잉 반응하다 보면 사람들을 움직일 수 없습니다. 정규분포나 편차치를 입체적으로 파악해야 이성적인 판단이 가능해지죠. 물론, 모든 숫자가 정규분포의 포물선을 그리는 것은 아닙니다.

다만, 정규분포의 개념이 다양한 상황에서 설득력을 갖는다는 것만큼은 사실입니다. 여러 번 강조했듯, 숫자로 말하기의 요령은 '내가 이걸 무슨 수로 알겠어'라며 생각을 멈추지 않고, 무엇이든 힌트를 찾아 수치화해나가는 것입니다. 정규분포의 개념 또한 이를 돕는 데 한몫을 할 것입니다.

편차치란 '@변환'을 보완하는 강력한 툴!　⋯ 🗲

편차치는 '@변환'에 버금가는 강력한 사고의 툴이라는

설명을 했습니다. 정확히 말하면 '@변환'을 보완하는 툴이죠. 두 가지를 함께 사용하면 팩트를 파악하는 능력이 탁월해집니다.

복잡한 비즈니스 모델도 '@변환'으로 인수분해하면 한층 간결해져 이해하기 쉽습니다. 자릿수가 큰 숫자도 자신의 일로 해석할 수 있게 되죠. 그렇다고 이 방법이 만능이라는 뜻은 아닙니다.

'@변환'을 통한 간소화로 인해 중요한 부분을 놓치거나 사실을 오인할 수도 있죠. 특히, 주의해야 할 것이 '평균'의 개념입니다. 대표적인 예로, 평균 연봉을 생각해볼까요. 평균 연봉은 한 회사의 급여 합계액을 사원의 인원수로 '@변환' 한 것입니다.

예를 들어, 한 회사의 연봉 평균이 1억 원이었다고 합시다. 그러면 사람들은 이 회사의 직원 대우가 아주 좋다고 생각하기 쉽습니다. 하지만 어쩌면 일부 임원들만이 10억 원이 넘는 연봉을 독식하고, 일반 사원 대부분은 3천만 원대의 연봉을 받고 있을지도 모릅니다. 이런 현실 속에서 '@변환' 계산을 통해 1억 원이라는 값이 나왔다면 과연

이 회사의 연봉 수준이 높다고 단언할 수 있을지, 생각해
볼 문제입니다.

정확한 사실을 파악하려면 월급의 분포를 그래프로 확
인하고, 표준편차와 편차치를 활용해 데이터의 분산 정도
를 살펴봐야 합니다. 아주 중요한 작업이죠. "'@변환'을 통
계로 보완한다." 이것이 포인트입니다.

숫자로 말하지 못하는 사람
발매한 지 한 달째인데 매출이 시원치 않아
목표에 도달하지 못하고 있습니다.

VS

숫자로 말하는 사람
발매 한 달째의 실적은 5만 건으로
목표에는 못 미치는 상황이지만,
시장에 진입하기 시작한 이번 달이야말로
진정한 승부처가 될 것입니다.

초기 반응으로만
판단하는 것이 위험한 이유

초기 반응이 예상보다 좋지 않을 때 ··· 🔟

개발 기간 무려 5년. 회사의 기대를 한 몸에 받고 있는 상품이 드디어 세상에 나왔습니다. 그로부터 한 달 뒤, 영업 회의에 모인 이들의 얼굴에는 비장감이 감돌고 있습니다.

'6개월에 60만 건이 목표였는데 첫 달 판매가 5만 건에 그치다니. 이대로라면 6개월 판매량이 30만 건에 머무른다는 계산인데….'

제품 판매는 초반 스퍼트가 중요한 만큼, 초기 반응이 안 좋으면 기운이 빠질 수밖에 없죠. 그러다 보니 '애초에 상품 콘셉트부터가 잘못됐다', '영업 능력이 부족하다', '광고를 안 하니까 이렇게 된 거다' 등 서로 책임을 미루기에

☹ VS ☺

바빠집니다.

　그럼, 초기 반응이 좋은지, 나쁜지는 어떻게 판단해야 옳을까요. 이 회사의 경우, '목표 수치÷기간'이라는 계산을 통해 목표를 설정해둔 듯합니다만, 과연 이것을 올바른 숫자로 말하기라 할 수 있을까요.

　이런 경우에 꼭 기억해뒀으면 하는 것이 바로 'S곡선'입니다.

S곡선

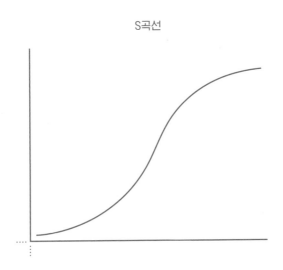

'S곡선'이란, 정규분포를 누적 곡선으로 나타낸 것입니다. 초반에는 거의 움직임이 없다가 시간이 경과해 일정 단계가 되면 급격한 경사로 수치가 상승하고, 그 후 완곡하게 증가하는 모양의 곡선입니다. 그 형태가 알파벳의 S와 닮았다 하여 S곡선이라 부르죠.

앞서 언급했던 신장의 예를 대입해보면 세로축이 인원수, 가로축이 신장이 됩니다. 평균보다 10㎝ 이상 키가 작은 사람은 그리 많지 않기 때문에 초반 곡선의 기울기는 완만하겠죠. 평균치에 가까워지면 인원수가 증가하므로 기울기가 한 번에 급격해질 것입니다. 신장이 평균보다 10㎝ 이상 큰 사람 역시 많지 않으니 이내 다시 완만해질 테고요.

세상의 많은 일들을 정규분포로 설명할 수 있었던 것처럼, S곡선 또한 다양한 일에 적용 가능합니다. 예컨대, 인플루엔자 등의 바이러스 감염이 그렇죠. 처음에는 서서히 감염자가 늘어나지만 어느 단계를 지나면 폭발적인 유행이 시작되고, 시간이 지나면 점차 진정됩니다. 그야말로,

S곡선의 모양 그대로죠.

자연 현상뿐만이 아닙니다. 여러 가지 붐도 이런 곡선을 그리며 일어나는 사례가 많습니다. 연예인이 인기를 얻는 과정만 봐도 딱 들어맞지 않나요?

초기 반응만으로 판단하는 것은 금물 ··· 🖉

실은 신상품이 시장에 진입할 때도 이런 움직임을 보이는 경우가 많습니다.

초반의 움직임은 느리지만 서서히 침투해 페이스가 빨라지다 어느 시점이 되면 폭발적으로 팔리기 시작하는 것이죠. 이런 특성을 아는가, 모르는가에 따라 마케팅의 성패가 갈린다는 사실은 말할 필요도 없습니다.

'6개월 동안 60만 건을 팔아야 하는데, 첫 달 판매량이 5만에 그쳤던' 사례의 경우, 정말로 상품 자체의 매력이 부족해서 판매율이 저조한 것일 수도 있습니다.

그러나 한편으로는 '붐이 일기 직전의 고요함'일 뿐, 곧이어 폭발적인 인기를 얻게 될 가능성을 숨기고 있는지도 모르죠. S곡선의 원리를 이해한다면 "아직은 소위 말하는 '편차치 35' 지점이니까, 조금 더 참고 기다려봐야 합니다" 라는 설득을 통해, 눈앞의 성과에만 치중하는 이들의 의견에 맞설 수 있을 것입니다.

붐은 S곡선을 그리며 일어날까?

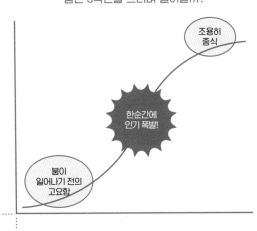

참고로 S곡선은 개인에게도 적용됩니다. 예를 들어, 특정 능력을 높이고자 할 때 그 숙련도는 S곡선을 그리며

상승하기 쉽죠. 무언가를 배울 때, 초반에는 효과도 잘 나지 않고 힘든 점이 많을 것입니다. 하지만 인내하며 트레이닝을 거듭하면 어느 순간부터 S곡선이 상승세를 보이기 시작합니다. 그러면 배운 것들이 온몸에 흡수되는 감각과 함께 학습 효과가 단숨에 상승하죠. 배움이 즐거워지는 시기입니다.

다만, 그 후에는 다시 곡선이 완만해지면서 투자한 시간과 효과가 비례하지 않아 초조함을 느끼는 시기가 찾아옵니다. 분명 시간을 들였는데 결과가 나오지 않는 느낌. 이 또한 많은 사람들이 경험해본 감정이겠죠.

학습 효과가 S곡선을 그린다는 사실을 알고 있으면 당장 성과가 나오지 않는다고 그만두거나 더 이상 진전이 없다며 필요 이상의 좌절을 맛볼 일은 없을 것입니다.

같은 말을 반복하는 것이 정답이다 ⋯ ⑨

그럼 여기서 다시 이야기의 처음으로 돌아가 봅시다. '모두란 과연 누구를 뜻하는가'라는 질문에 대해, 중간에 있는 68%의 사람이 같은 목소리를 낼 경우 이를 '모두'로 볼 수 있다는 이야기를 했는데요.

만약, 16% 정도의 사람만이 같은 의견을 가지고 있다면 그 시점에서는 이를 '모두'라 칭할 수 없습니다. 하지만 서서히 침투율이 높아져 이 16%가 확대되고, S곡선을 그리기 시작하면 단번에 '모두'의 의견으로 자리 잡을 가능성 또한 충분하죠.

가끔가다 매번 똑같은 말을 반복하는 경영자나 관리인들을 만날 때가 있습니다. 할 말이 저것밖에 없나 싶어 부정적으로 볼 수도 있지만 사실, S곡선이 관점에서 보면 같은 말을 꾸준히 반복하는 것이 정답입니다.

사장이 아무리 "고객이 왕"이라고 외친다 한들, 이 말이 단번에 모든 사원의 마음에 와닿을 확률은 거의 없습니다. 같은 이야기를 몇 번씩 반복한 결과, 서서히 스며들기 시작하고 이윽고 사원들의 의식이 확 바뀌는 타이밍이 찾아오는 것이죠. 이렇게 생각하면 당신이 전하고자 하는 말이 있을 때, 반복적으로 꾸준히 이야기하는 것의 중요성을 알게 될 것입니다.

☺VS☹

영업도 마찬가지입니다. '중요한 내용은 반복해서 전달해야만 상대에게 닿는다'고 생각하는 것이 좋습니다. TV 홈쇼핑에서 지겨울 정도로 제품명을 연호하고, 같은 정보를 몇 번씩 말하는 것을 본 적 있으시죠? 질린다고 생각할 수도 있지만 이 또한 S곡선의 관점에서 보면 의미 있는 행동이라 할 수 있습니다.

커리어에도 편차치의 개념을! ··· ⑤

'숫자로 말하기'라는 주제에서는 살짝 벗어나는 이야기지만, 꼭 전해두고 싶은 말이 있습니다. 이 장에서 다룬 내용을 개인의 커리어에도 적용할 수 있다는 것입니다.

편차치 60은 상위 16%였습니다. 이를 경계로 정규분포의 커브는 급격히 하락하죠. 이 개념을 일에 적용해보면 편차치 60의 업무(상위 16%만이 할 수 있는 업무)를 해내는 순간, 경쟁 상대가 눈에 띄게 줄어든다는 뜻이 됩니다. 편차치 65의 업무는 상위 7%밖에 해결하지 못합니다. 편차치 70의 업무는 오직 상위 2%만이 소화 가능하죠.

현대 사회는 늘 '남들과 차별화될 것'을 요구하지만, 실제로 효과적인 차별화 전략을 세우기란 좀처럼 쉽지 않습니다. 그러나 편차치 개념을 활용하면 어느 정도 밑그림을 그릴 수 있죠. 물론, '어떤 것이 상위 ○%의 업무인가'는 직종에 따라 다를 것입니다.

다만, 중요한 점은 '편차치 60 이상의 업무를 해낸다'고 의식하는 것. 이런 자세가 당신의 커리어를 성장시켜줄 것입니다.

3장의 포인트 $+ - \times \div \%$

- 조직의 의견은 정규분포를 이룬다고 생각하자.
- '@변환'을 통해 나온 숫자에 위화감이 들면 분포를 조사해보자.
- 중요한 내용은 꾸준히 반복해서 말하자.

닌텐도의 부활

'@변환'으로 예언자가 될 수 있다   … 🙂

지금은 상상도 할 수 없지만 2016년 가을의 닌텐도는 부진한 실적에 괴로워하고 있었습니다. 그때 저는 닌텐도가 곧 부활할지 모른다는 내용의 온라인 기사를 썼습니다. 당시 꽤 많은 사람들이 그 기사를 읽었는데, 얼마 지나지 않아 'Switch'가 크게 히트하며 닌텐도가 화려하게 부활하자 여기저기서 "무슨 예언자 같다"는 말을 들었던 기억이 나네요.

그렇다고 저한테 특별한 능력이 있는 것은 아닙니다. 지금까지 서술했던 '@변환'을 바탕으로 한 논리적 사고로 가설을 세웠을 뿐이죠. '@변환'은 프레임 워크 전략 및 현장의 감각과 조화만 잘 이루면 미래를 논하는 강력한 사고의 툴이 됩니다. 그럼 먼저, 당시의 기사 일부를 발췌한 내용을 보겠습니다.

닌텐도, 오징어로 부활할 것인가?

_《닛케이 비즈니스 온라인》 2016년 10월 게재

2015년, 닌텐도는 메인 사업인 거치형 콘솔 게임으로 부활의 봉화를 올렸다. 오징어가 여기저기 신나게 돌아다니며 활약하는 Wii U의 전용 소프트웨어 '스플래툰'은 세상에 선보이며 전 세계 게이머들을 열광시킨 것이다. 판매도 순조로워 2016년 3월기에 427만 개의 소프트웨어가 팔렸다.

실패작이라는 평가마저 받았던 Wii U를 자산으로 인기 게임을 탄생시켰고, 스플래툰은 Wii U가 아니면 맛볼 수 없는 통쾌한 게임으로 완성됐다. 정말이지 재미있는 게임이다. 많은 게이머들에게 사랑받은 결과, 스플래툰은 얼마 전 '2016 일본 게임 대상'을 수상했다.

▷ 오징어 인간이 잉크를 뿌리는 게임

평소 게임을 즐기지 않는 사람들도 이해할 수 있도록, 간단하게 스플래툰에 대한 설명을 해볼까 한다.

스플래툰은 인간의 모습을 한 오징어가 4대 4로 나뉘어 서로 다른 색의 잉크를 뿌리며 면적을 차지하는 게임이다. 잉크를 발사하는 도구를 '무기'라고 부르는데 롤러와 브러쉬, 머신 건, 중장거리 건 등 다양한 선택지가 있다. 내가 좋아하는 무기로 잉크를 뿌려 상대편보다 넓은 면적을 차지하면 승리하는 아주 단순한 게임이지만, 은근한 깊이가 있다.

온라인 대전형 슈팅 게임의 닌텐도 버전이라고도 볼 수 있다. 살생 무기와 병사가 각각 잉크를 발사하는 무기와 오징어로 둔갑했다. 바로 여기에 '닌텐도스러운' 맛이 담겨 있는 것이다.

▷ 배움의 힌트는 '제로부터 다시 개발한 게임이 아니라는 점'에 있다

스플래툰은 독창성의 매력으로 가득 찬 게임처럼 보인다. 그러나 닌텐도가 무에서부터 창조한 완벽히 새로운 게임이라고는 할 수 없다. 바로 여기에 우리가 알아둬야 할 힌트가 숨어 있는 것이다.

온라인 대전형 슈팅 게임은 이미 게임 업계에서 일반화되어 있다. 스스로 하는 플레이뿐 아니라 다른 사람들의 시합을 관전하는 것도 큰 즐거움이다. 유튜브 등의 영상 사이트에는 인기 온라인 게임 영상이 다량 업데이트되어 있고, 영상만으로도 충분히 흥분하며 즐길 수 있다. 게임 자체가 압도적으로 재미있기 때문이다.

이들은 단순한 게임을 넘어 'e-스포츠'라고도 불린다. 유럽과 한국에서는 e-스포츠의 인기가 어마어마해서 몇십 억 단위의 상금이 걸린 대회도 적지 않다. 프로게이머는 스포츠 선수 못지않은 영웅이다. 온라인 대전형 게임은 농구나 풋살 시합처럼 대규모 관객을 동원하는 이벤트가 되었다. 스플래툰은 이런 시류를 잘 타면서도 닌텐도스러운 개성을 담아냈다.

좌우지간 발랄하고, 밝고, 또 즐겁다. 원래대로라면 살벌하다 못해 배덕한 희열마저 느껴지는 총격전이 난무하는 슈팅 게임조차 닌텐도의 색을 입히면 씁쓸한 맛이 옅어진다. 피가 터지는 대신 잉크를 묻힌 오징어가 녹아내렸다가, 다시 부활한다. 그 모습이 귀엽다. 귀여운 캐릭터, 게임의 전체적인 컬러, 명랑한 느낌의 BGM은 마리오나 동키콩처럼 밝은 느낌으로 가득 차 있다.

전략적인 면에서 보자면 '닌텐도스러움'을 유지하면서도 최신 게임 트렌드를 파악한, 독자적인 세계관의 인기 게임을 개발해낸 셈이다. 단순히 모방하거나 새 기술을 도입하는 것이 아니라 그 기업만이 갖는 '○○스러움'을 입혀, 독창적인 제품을 만드는 것. 이것이 성공의 열쇠를 찾는 포인트라고 할 수 있다.

기업의 부활을 걸고 도박을 하는 것은 무모한 일이다

일세를 풍미했던 닌텐도가 꽤 오랫동안 고전을 면치 못하고 있다. 최고의 전성기였던 2009년 3월기에는 1.8조 엔을 넘는 연 매출을 올리고 경상이익도 약 4,500억 엔에 달했다. 2014년 3월기 이후에는 연 매출이 6,000억 엔까지 떨어졌고, 경상이익도 1,000억 엔에 그쳤다. '포켓몬 GO'가 실적 상승에 공헌할 것이라 기대했던 사람들도 예상보다 미미한 효과에 한숨을 쉬었을지 모른다.

사업하는 사람이라면 알겠지만, 본업 외의 영역에서 새롭게 매출의 틀을 다지는 것은 꽤나 어려운 일이다. '몬스터 스트라이크'를 통해 순식간에 게임 회사로 탈바꿈한 '믹시' 같은 경우도 있지만, 이는 회사의 존속을 걸고 큰 도박을 한 것과 마찬가지다. 애초에 연 매출 5,000억 엔을 넘는 기반을 가진 닌텐도가 시도할 수 있는 옵션이 아니다.

지금도 닌텐도는 게임 기기로 2,600억 엔 이상, 소프트웨어로 2,300억 엔가량의 매출을 올리고 있다. 이 모든 것을 버리고 스마트폰 게임 개발 회사로 변신하는 것은 비현실적인 대안이다. 슬럼프에 빠진 투수가 축구팀으로 이적해 득점왕을 노린다는 소리마냥 허무맹랑한 꿈속의 이야기라는 것이다.

우선 본업을 통해 경영 자산을 관리하고, 사업 기반을 다져야 한다. 흐름을 조금만 잘 타면 눈 깜짝할 사이에 실적이 오를지도 모를 일이다. 비즈니스에는 스스로 제어할 수 없는 부정확한 요소들이 산재한다. '가능한 최선을 다하고, 그다음부터는 운명에 맡긴다.' 미래를 예측할 수 없는 시대에 전략을 세우려면 이런 기본자세를 갖는 것이 중요하다고 믿고 있다.

앞선 기사에서는 고전적인 전략 이론을 이용해서 스플래툰의 성공으로 닌텐도가 부활할 가능성을 제시했습니다. 그러나 실제로는 '@변환'(인수분해)을 활용한 분석을 하고 있었죠.

닌텐도가 판매하고 있는 거치형 게임기와 휴대형 게임기의 하드웨어와 소프트웨어. 이는 단순한 '@변환'만으로도 사업 내용을 파악할 수 있는 비즈니스 모델입니다.

2009년 3월기는 2000년 이후에 맞는 닌텐도 최대의 매출 및 순이익 결산기였습니다. 매출 1.8조 엔, 영업이익 5,500억 엔. 영업 이익률이 30%를 넘는 경이적인 기록을 남겼죠.

거치형 TV 게임기 'Wii'가 크게 히트했고 휴대형 게임기 '닌텐도 DS'도 화려한 성공을 거뒀습니다. 그야말로 따뜻한 봄날을 맞이했죠.

유가증권 보고서를 바탕으로 요소별로 나눠보면 1.8조 엔의 매출 중 Wii 관련 매출이 약 1조 엔. DS 관련이 약 7,000억 엔 그 외의 매출이 1,000억 엔임을 알 수 있습니다. Wii 관련 제품을 하드웨어와 소프트웨어로 다시 나누면 하드웨어 기기(Wii의 본체 등)가 6,000억 엔, Wii용 소프트웨어가 4,000억 엔, DS의 하드웨어가 4,300억 엔, 소프트웨어가 2,600억 엔이었죠. 닌텐도의 비즈니스는 이 4개의 거대한 기둥이 지탱하고 있음을 알 수 있습니다.

밀리언셀러가 54편! 경이적인 전성기의 숫자 ⋯ ⟐

'@변환'을 사용하면 이 숫자를 보다 뚜렷하게 파악할 수 있습니다. Wii의 본체는 약 2만 엔. 6,000어 엔어 매출을 올렸다면 3,000만 대의 하드웨어가 팔렸다는 뜻이겠죠. '만 엔 × 만 대 = 억 엔'이라고 외워두면 바로 암산을 할 수 있으니 참고해주세요. 유가증권 보고서에서 발표한 Wii의 전 세계 판매량은 2,600만 대. 6,000억 엔의 매출을 올렸다고 할 때 본체의 평균 가격이 2만 엔보다 약 10% 이상 높았다는 계산이 나오겠네요.

미국의 인구를 3억, 일본의 인구를 1억, 유럽의 인구를 6억 명이라고 치면 대상 마켓의 인구는 10억 명. 세대 수

☺ ٧\$ ☹

를 그 3분의 1로 잡으면 3억 3,000만 세대. 약 12세대 중 한 세대꼴로 Wii를 구매했다는 말이 됩니다. 상당한 보급률이죠.

이를 받쳐주고 있는 것이 Wii의 소프트웨어들입니다. 소프트웨어의 매출은 4,000억 엔으로 단가가 5,000엔이라고 가정할 때, 약 8,000만 개가 팔린 셈이죠. 유가증권 보고서에 소프트웨어의 총 판매 수량은 기재되어 있지 않지만, '마리오 카트' 1,500만 개, 'Wii Fit' 1,600만 개를 비롯해 밀리언셀러를 기록한 타이틀이 54편이라는 내용이 있었으니 8,000만 개라는 추정 판매 수와 그리 차이가 나지는 않을 것입니다. 밀리언셀러 타이틀이 54편이나 되다니, 정말 굉장하네요.

같은 방법으로 DS를 계산해보면 판매 대수가 약 3,000만 대, 약 9,000만 개의 소프트웨어가 판매되었다는 계산이 됩니다. 거치형 및 휴대형 하드웨어가 각각 2,000만 대 이상 판매되고 1억 개 가까이 팔리는 소프트웨어를 가진 대단한 사업이 전개된 것이죠.

다만, 이 비즈니스에는 리스크가 있습니다. 하드웨어와 소프트웨어 사이에 상호보완성이 존재한다는 점이죠. 인기 소프트웨어가 탄생해 하드웨어가 잘 팔리고, 좋은 하드웨어로 인해 인기 소프트웨어가 탄생하는 시너지 효과가 생겨나야 하는데, 한번 제대로 터지지 않으면 하드웨어의 판매율도 떨어지고 소프트웨어의 매출도 동반 하락해 악순환에 빠지기 쉬운, 단순하면서도 위험한 비즈니스 모델인 것입니다.

실제로 2009년에 정점을 찍은 후 닌텐도의 '숫자늘'은 서서히 하락세를 탑니다. 스마트폰이나 온라인 게임이 두각을 나타내면서 게임을 즐기는 환경이 변화했고, 이에 발빠르게 대응하지 못한 닌텐도는 긴 슬럼프에 빠지죠.

2016년 3월기의 결산 내용을 보면, 그들의 고전이 고스란히 드러납니다. 매출은 5,000억 엔까지 떨어졌고, 그 내역 중 거치형 콘솔 게임기가 2,000억 엔, 휴대형 게임기가 2,200억 엔이었습니다. 2009년 3월기에 1조 엔을 기록했던 거치형 게임기의 매출이 2,000억 엔에 그치고, 휴대형 게임기의 매출도 7,000억 엔이었던 것이 2,200억 엔까지 추락했습니다.

그런 가운데, Wii의 후속작인 Wii U는 하드웨어로 1,000억 엔, 소프트웨어로 900억 엔을 살짝 넘기는 매출을 올렸습니다. 단가가 2.5만 엔이라고 하면 400만 대밖에 팔리지 않았다는 말이죠(유가증권 보고서에 따르면 약 330만 대). 이것은 전 세계에서 2,600만 대가 팔렸던 Wii의 7분의 1 수준으로, 그야말로 경악할 만한 수치입니다.

게임을 하면서 느낀 '부활의 징조' ··· 🐱

하지만 이는 뒤집어 보면 '히트작이 탄생할 경우 소프트웨어의 판매량이 지금의 7배까지 뛸 수 있다'는 의미이기도 합니다. 온라인 게임으로 흘러가는 시류를 잘 파악해 닌텐도스러운 매력까지 더한 스플래툰을 보면서 저는 그 가능성을 느꼈습니다. 단순히 전략 이론을 바탕으로 한 가설이 아니라 직접 몇백 시간씩 플레이하면서 실제로 느낀 생생한 감각을 통해서요.

'어쩌면 이 오징어 게임이 닌텐도 부활의 기폭제가 될 수도 있겠다.' 나와는 비교도 안 될 정도로 월등한 실력의 고수들에게 형편없이 당하면서도, 도저히 멈출 수가 없어 게임을 계속하던 중 머리를 스쳐간 이 망상이 기사를 쓰는 계기가 되었습니다. 만약, 이런 히트작들이 발판이 되어 다음 세대 기기의 판매고가 1,000만 대까지 상승한다면 매출은 얼마나 될까. 단가가 3만 엔이라면 3,000억 엔. 단가 5,000엔의 소프트웨어가 5,000만 개 팔린다고 가정하면 2,500억 엔⋯. 차세대 기기만으로 5,500억 엔의 매출을 올릴 수 있다는 이야기가 되니까요.

여기에 주목해 게이머로서 체험한 현장감과 전략 이론을 접목하며 쓴 글이 바로 앞서 말한 '닌텐도, 오징어로 부활할 것인가?'의 원고였습니다. 실제로 새로운 게임기 Switch가 발매되고 '스플래툰2'가 간판 소프트웨어로 대두되는 것을 보면서 신기한 기시감에 휩싸였습니다. 숫자를 이용해 전략적인 사고를 해야 직성이 풀리는 직업병과 취미인 게임, 거기에 약간의 망상이 우연히 더해져 이런 흥미로운 경험이 가능했죠.

☺VS☹

숫자가
싫어서

숫자를 효과적으로
전달하는 테크닉

숫자로 말하지 못하는 사람
이 상품은 반드시 성공할 것입니다…
아마도요.

VS

숫자로 말하는 사람
이 상품의 성공 확률은
80% 정도로 예상하고 있습니다.
만약 이에 미치지 못할 때의 대안은….

불확실한 미래도
숫자로 논한다

정성을 들여 치밀하게 준비한다고 해서 반드시 거래가 성사되는 것은 아닙니다. 리서치를 열심히 했다고 신제품이 잘 팔린다는 보장은 어디에도 없죠. 업무는 늘 이렇게 '불확실성'으로 가득 차 있습니다.

그렇다고 "이번 달 판매 추이를 어떻게 예상합니까?"라는 질문에 "모르겠습니다"라고 대답한다면 비즈니스맨으로서 실격이겠죠. 미래는 불확실하지만, 그럼에도 불구하고 충분히 숫자로 말할 수 있습니다. 지금부터 그 방법에 대해 이야기해보죠.

구체적으로 필요한 것은 '시나리오 플래닝' 능력입니다. 세상에는 스스로 제어할 수 있는 일과 할 수 없는 일이

☺ vs ☹

123

있습니다. 하지만 어떤 시나리오가 가능할지 사전에 예측하고 준비하면 눈앞의 일에 일희일비하지 않고 담담하게 다음 행동에 착수할 수 있죠. 이것이 시나리오 플래닝의 효과입니다. 가상이라도 좋으니 그 시나리오에 '확률'을 넣어두면 불확실한 미래를 숫자로 논할 수 있게 됩니다.

항상 두 수 뒤의 시나리오를 그려둔다 ··· ⟁

자동차 회사의 신차 개발을 예시로 시나리오 플래닝에 대해 생각해봅시다. 이 회사는 한 인기 차종의 후속 모델을 개발했습니다. 면밀한 리서치를 거쳐 콘셉트를 잡고 최신 기술을 적극 동원했으며, 톱 디자이너를 채용해 스타일에도 공을 들인 기대작입니다. 모든 팀원들이 성공할 것이라는 확신을 갖고 있고, 월간 판매 목표 2,000대라는 꽤 대담한 목표가 설정됐습니다. 하지만 비즈니스에 '절대'란 없는 법. 예상치 못한 오차가 겹쳐 전혀 목표에 미치지 못하는 사태가 생길 수도 있습니다.

여기서의 포인트는 두 수 뒤의 시나리오를 그려두는 것

입니다. 먼저 다음의 표와 같이 '낙관적 시나리오'와 '비관적 시나리오'를 나눠 생각해봅시다.

신차 발매 캠페인 시나리오(낙관적 시나리오)

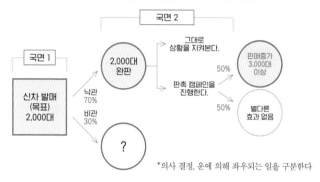

낙관적 시나리오란 계획한 2,000대 혹은 그 이상의 판매 대수를 달성하는 이른바 '성공 시나리오'. 비관적 시나리오란 목표에 미치지 못하는 경우를 말합니다.

각 확률에 대해서는 과거 신차를 발매했을 때의 성공률 등의 자료에서 목표 수치를 도출하면 되겠죠. 그렇게까지 정확하지 않아도 괜찮습니다. 가정이라도 좋으니 수치화하는 것이 중요합니다.

여기서는 낙관적 시나리오를 70%, 비관적 시나리오를 30%로 잡았습니다. 그리고 각각의 상황이 되었을 때의 '다음 스텝'을 생각해두는 것이죠. 낙관적 시나리오의 경우 상황이 유지되도록 그대로 두는 방법도 있지만, 예산을 투입하고 판촉 캠페인을 진행해 성공 가도에 박차를 가하는 선택지도 있을 것입니다.

이 단계 역시 과거 캠페인 실적을 토대로 대강의 성공률을 예상해둡니다. 여기서는 1.5배 이상의 판매량을 기록하며 낙관 시나리오가 실현될 확률을 50%, 효과가 딱히 없어 판매 대수에 영향을 못 미칠 것이라는 비관적 시나리오를 50%로 잡아뒀습니다.

비관적 시나리오의 만회 방법 ··· ②

특히 중요한 것은 상황이 비관적 시나리오 쪽으로 흘렀을 때의 만회 방법입니다. 조직은 성공보다 실패에 민감합니다. 기대하던 제품이 생각만큼 잘 팔리지 않는다는 것을 알게 되면 여기저기서 어떻게 할 생각인지, 확실히 만

회할 대책이 있는지 설명을 요구받게 됩니다. 확신이 있던 제품일수록 비관적 시나리오의 상황이 되었을 때의 충격도 크기 마련이죠. 그렇다고 이때 사고 정지 상태에 빠져버리면 회복의 기회마저 잃게 됩니다. 그러니 사전에 시나리오를 준비해 비상 사태에도 담담히 행동할 수 있도록 대비해야 합니다.

여기서는 두 가지 대안을 가정해보겠습니다. 한 가지는 '큰 폭의 가격 인하'입니다. 과거 이 방법이 80%의 확률로 성공했다고 합시다. 효과가 있으면 매출이 2배. 현실적인 방법임은 분명하지만 수익률 저하를 피할 수는 없겠죠.

게다가 가격 인하에도 불구하고 효과가 없을 가능성도 20%나 됩니다. 수익률이 떨어지고 효과도 없을 경우 막대한 손실을 입게 되겠죠.

두 번째는 '매출 증대 캠페인'입니다. 이쪽의 성공률은 약 50%로, 매출이 1.5배 증가한다고 합시다. 가격 인하만큼의 효과는 없을지 모르지만 실패했을 때의 충격은 비교적 적을 것입니다.

☺ vs ☹

정확하지 않더라도 확률의 수치를 넣은 시나리오를 만드는 것이 중요합니다. 그러면 시나리오의 현실성이 한층 살아나 마음의 준비에 도움이 됩니다. 선물할 때는 서프라이즈를 준비해야 상대가 더 기뻐할지 모르지만, 시나리오 플래닝의 목표는 '서프라이즈를 줄이는 것'입니다.

이 정도 준비를 해두면 어떤 질문을 받아도 숫자로 답할 수 있게 됩니다. "지금까지는 순조롭게 진행되고 있으나 이쯤에서 한층 더 매출을 증대시키는 방안을 검토하는 것이 어떨까 합니다. 성공률은 50% 정도입니다."

"다소 고전하고 있는 상태지만, 곧바로 대응할 생각입니다. 성공률이 80%에 이르는 가격 인하와 성공률은 50%로 다소 낮지만 비용이 적게 드는 캠페인을 비교해 검토하겠습니다."

이렇게 말하면 경영자나 책임자도 안심하고 일을 맡길 테고, 새로운 대안마저 제대로 기능하지 않았을 때를 대비한 마음의 준비도 할 수 있을 것입니다.

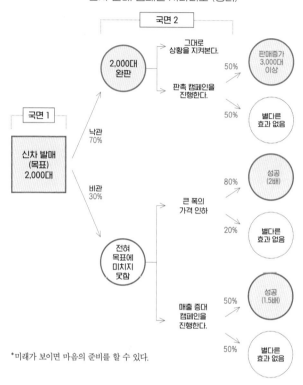

신차 발매 캠페인 시나리오 (정리)

국면 2

국면 1

신차 발매
(목표)
2,000대

낙관
70%

비관
30%

2,000대
완판

→ 그대로
상황을 지켜본다.

→ 판촉 캠페인을
진행한다.

50% → 판매증가
3,000대
이상

50% → 별다른
효과 없음

전혀
목표에
미치지
못함

큰 폭의
가격 인하

80% → 성공
(2배)

20% → 별다른
효과 없음

매출 증대
캠페인을
진행한다.

50% → 성공
(1.5배)

50% → 별다른
효과 없음

*미래가 보이면 마음의 준비를 할 수 있다.

숫자로 미래를 논하면 팀이 하나가 된다 ⋯ 🐵

　이 시나리오 플래닝의 사고방식은 앞서 서술한 '555 퍼널', '335 퍼널'에도 응용할 수 있습니다. 예를 들어, 최초

☺ vs ☹

협상 시의 성공률을 50%로 두고, 성공했을 때와 그렇지 못할 때를 나눈 다음 계획대로 되지 않았을 때의 시나리오를 그려둡니다.

'제안을 받아들이지 않을 경우 10%의 가격 인하를 제시한다. 그래도 안 될 때는 특별한 혜택을 제시한다. 이렇게 해도 안 될 경우 철수한다' 등의 시나리오를 말이죠. 물론 꽤 번거로운 작업일 것입니다. 그러나 이렇게 그린 큰 그림을 전체적으로 보다 보면 내가 하는 일의 미래를 내다보는 감각이 생깁니다.

인간이 불안해지는 것은 미래를 읽을 수 없기 때문입니다. 사전에 시나리오를 그려두면 업무 전체의 그림을 파악할 수 있게 되고, 불안감도 해소됩니다. 만약, 당신이 현장의 리더라면 꼭 이런 식으로 '숫자를 통해 미래를 논하는 방법'을 의식했으면 합니다. 이것이 팀원 모두를 안심시키고, 목표 달성으로 가는 강력한 계기가 되어줄 테니까요.

숫자로 말하지 못하는 사람
지금 구매하시면
100만 원 이익입니다.

VS

숫자로 말하는 사람
지금 구매하지 않으면
100만 원의 손해를 보게 됩니다.

전달력은
말하는 방식에 달렸다

사람들은 1%의 위험에도 민감하게 반응한다 ··· 🙂

이 수술의 사망률은 1%입니다.

이 수술을 받는 이들 중 99%는 생명에 지장이 없습니다.

당신이 환자라면 어느 쪽 수술을 받고 싶을까요. 아마 누구나 후자를 택할 것입니다. 이미 눈치챘겠지만, 두 문장은 같은 뜻이며 그저 약간의 표현 차이가 있을 뿐입니다. 그런데도 느낌이 완전히 다르죠.

이것이 경제학이나 심리학에서 말하는 '프로스펙트 이론'입니다. 사람은 자신이 이익을 얻는 쪽보다 손해를 보는 쪽에 민감하게 반응한다는 뜻이죠. 즉, 10만 원을 얻는 쪽보다 10만 원을 잃는 쪽이 그 심리적 영향력이 크다는 것입니다.

아마도 리스크를 최대한 피해가며 생존해온 인류의 본능적인 지혜일 테죠. 이 프로스펙트 이론을 도표로 만들면 다음과 같습니다.

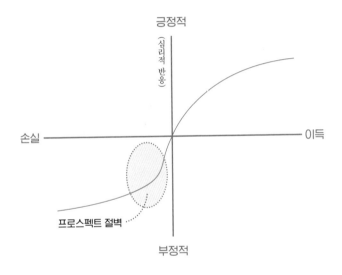

이득과 긍정적 반응 쪽은 비교적 규칙적인 곡선을 그리고 있으나 손실 및 부정적 반응의 그래프는 손실의 영역

에 들어서자마자 빠르게 하강합니다. 이른바, '프로스펙트 절벽'이죠.

아주 작은 손실일지라도 부정적 반응이 강하게 일어 난다는 사실을 그대로 보여주고 있습니다. 사람들이 10만 원의 이익을 얻는 쪽보다 10만 원의 손해를 보는 쪽에 민 감하게 반응하는 것은 바로 이런 경향 때문입니다.

전달 방법에 따라 숫자로 말하는 힘이 반감된다 ··· 🙂

이 프로스펙트 이론을 응용하면 전달 방식이 어떻게 바뀔까요? 가령, 당신의 회사가 다음의 내용을 강조하며 물건을 판매하고 있다고 합시다.

"저희 제품을 사용하시면 연간 1,000만 원을 절약할 수 있습니다."

이러한 홍보 방법이 잘못됐다는 것은 아니지만 프로스 펙트 이론을 적용해 다음과 같이 표현할 수도 있을 것입 니다.

"저희 제품을 사용하지 않으면 매년 1,000만 원씩 불

필요한 비용을 지불하시는 셈입니다."

어떠한가요. 후자 쪽이 '어떤 행동을 취하지 않으면 안 되겠다!'는 생각을 불러일으키지 않나요?

아무리 숫자에 강한 사람이라도 '전달 방법'을 잘못 선택하면 숫자로 말하는 힘이 반감됩니다. 이제부터 이와 같은 전달 방식의 노하우에 대해 소개해볼까 하는데, 그 전에 한 가지 짚어두고 싶은 것이 있습니다. 바로, 이 방법을 악용하지 않았으면 한다는 점입니다.

실제로 사회에서는 숫자를 악용하는 일들이 심심치 않게 일어납니다. 그 전형적인 사례가 바로 악성 스팸 메일이죠. 알지도 못하는 사이트로부터 '회원 등록이 완료되었으니 300만 원을 납부하십시오. 이를 원치 않을 경우 해약금 100만 원을 지불 바랍니다.' 같은 제목의 메일이 느닷없이 날아오는 이유가 뭘까요. 그야말로 '손해 보면 안 된다'는 사람들의 심리를 교묘하게 이용한 프로스펙트 이론의 악용입니다.

숫자로 전달하는 것도 중요하지만, 결코 숫자로 사람을 속이지 않는다. 이것만큼은 꼭 기억해주세요.

지금까지 여러 차례 확률 이야기를 했는데요. 사실 확률, 즉 '%'는 그다지 이해하기 쉬운 개념이 아닙니다. 사람들은 정수를 훨씬 더 쉽게 머리에 입력하죠.

이를테면, 30%라는 말보다 '10번 중 3번'이라는 표현이 이해하기 쉽다는 말입니다. 자신의 일로 받아들이기에 용이하죠. 똑같이 30%를 풀어 말할 때도 '100번 중 30번', '50번 중 15번', '10번 중 3번' 등 다양한 버전의 전달 방법을 생각할 수 있습니다.

어떤 전달 방식을 취하는 것이 좋을지 상대방의 입장에서 선택해야 합니다. 만약 당신이 영업부장이고 335 퍼널의 중요성을 부하에게 전달하는 자리라면 "100번 방문하면 30번은 다음 단계로 넘어갈 수 있다"라고 말하는 것보다 "10번 방문하면 3번은 다음 단계로 넘어간다"라고 말하는 쪽이 더 피부에 와닿고 이해하기도 쉬울 테죠. 전자의 전달 방식을 취하면 '100번이나 방문한다고?'라며 숫자의 크기에 지레 질려버릴 수도 있으니까요.

한편, 수십만 명 대상의 웹 마케팅을 진행하며 그 도달 확률을 논할 때는 "10회 중 1회 정도의 클릭률을 예상합니다"라고 말하기보다 "50만 명에게 접근해 5만 번 정도 클릭 될 것으로 예상합니다"라고 이야기하는 편이 그 규모를 더욱 생생하게 전달해줄 것입니다.

숫자를 이용한 최후의 일격 ··· ⑤

'실감 나는 숫자로 치환해 전달력을 높인다'는 관점은 '@변환'의 논리와도 일맥상통합니다. 이런 식으로 숫자를 활용할 때 유용한 노하우가 하나 있는데요. 바로 대화의 마지막에 플러스 정보를 한 가지 덧붙이는 것입니다. 특히 영업의 마무리 단계에서 효과적으로 작용하죠.

이를테면, 연간 1억 원의 비용 절감 효과가 있는 제품을 영업한 후, '@변환'을 활용해 "사원 1명당 200만 원을 아끼는 셈입니다"라고 마지막 어필을 하는 것입니다. 그러면 담당자가 보다 구체적인 이미지를 그리게 되고, 이로 인해 효과적인 막판 굳히기가 가능해질 수 있습니다.

타사의 사례를 언급하는 것도 하나의 방법입니다. "B

사는 5억 원의 비용 절감에 성공했습니다"라는 전달 방식도 효과적일 수 있다는 말이죠. 상대의 마음이 어떤 표현에 움직일지는 각자의 문제의식에 따라 다릅니다.

예컨대, 사내의 높은 이직률 때문에 고민하고 있는 인사 담당자라면 '사원 만족도와 관련된 숫자'에 반응할 테고, 점유율 확대를 목표로 하는 사업 책임자라면 '매출 및 노출 상승과 연관된 숫자'에 민감할 것입니다.

협상 중 상대의 문제의식을 간파하고, 거기에 맞는 숫자를 준비해 확실히 어필하면 상대를 설득하는 최후의 일격이 될 수 있습니다.

숫자로 말하지 못하는 사람

납품까지
1주일 정도 걸립니다.

숫자로 말하는 사람

일반적으로 5일이면 충분히 납품 가능하며,
최소 3일이 걸립니다. 드물게 아주 조금의
시간이 더 필요한 경우가 있습니다.

'숫자 부풀리기'를 하지 않고
신뢰를 얻는 방법

'숫자 부풀리기'가 교섭의 기본이기는 하지만 ⋯ 🖧

일본인들은 공격적인 가격 흥정에 서툴다는 인상이 있습니다. 그렇다고 처음부터 진짜 가격을 제시하는 경우도 드물지만요. 타협할 수 있는 가격보다 10~20% 정도 높게 제시한 다음, 서서히 조정해나가는 경우가 대부분입니다. 특히 B2B의 세계에서는 이렇게 가격이 매겨지는 사례가 많죠.

납기일 또한 마찬가지입니다. 실제로 소요되는 정확한 납기일을 있는 그대로 전하는 경우는 별로 없습니다. 사실은 3일 안에 납품할 수 있는 제품이라도 1주일 전까지는 발주를 마감하도록 공지합니다. 협상을 통해 납기일이 5일로 짧아져도 2일의 여유가 생기는 셈이죠.

☺ vs ☹

이런 방법은 당연하다는 듯 일상적으로 사용되고 있지만, 나쁘게 말하면 은근슬쩍 숫자를 부풀리는 행위라고도 할 수 있습니다.

이런 일이 반복되면 상대방도 '어차피 협상할 생각으로 넉넉히 부른 거겠지' 하고 짐작하게 됩니다. 예상 일정보다 빨리 납품을 하면 "역시 빠르네. 다음에도 이 기간 안에 부탁할게" 같은 말을 들을 수도 있고요. 이런 상황을 피하려고 빨리할 수 있는 납품을 미룬다면 그야말로 무모한 주객진도가 되겠죠.

앵커링은 속임수의 기술   ⋯ 🗲

'앵커링'이란 개념에 대해 알고 있나요? 가령, 흥정을 예상해 20만 원 정도의 상품 가격을 40만 원으로 부른다고 합시다. 상대방은 "너무 비싸니까 좀 깎아줘요"라고 흥정을 하겠지만, 처음에 이쪽에서 제시한 40만 원이 심리적인 앵커(닻)가 되어 무작정 반값인 20만 원으로 해달라는 말을 꺼내기는 어려워집니다. 그래서 결국 30만 원 선으로 타협을 하게 되죠. 해외 관광지에서 기념품을 파는 사람들이 주로 쓰는 수법이기도 합니다.

이 정도로 노골적이지는 않지만 앞서 언급한 사례들도 일종의 앵커링이라 볼 수 있습니다. 앵커링은 숫자로 말하기에 효율적인 도구임은 틀림없으나, 솔직히 개인적으로는 이 방법을 그리 좋아하지 않습니다. 소위 말하는 속임수의 기술 같은 것이니까요. MBA 시절에도 앵커링에 대해 배웠지만, 실용적인 기술이라기보다 '사고의 함정'의 예시로 배웠습니다.

앵커링 방식을 관광지에서 자주 접하는 이유는 두 번 다시 볼 일이 없는 상대를 대상으로 하기 때문 아닐까요. 속았다고 해도 다시 찾아올 일이 없으니 상관없다는 발상이겠죠. 반대로 생각하면, 오랫동안 교류할 상대에게 앵커링을 남용하는 일은 위험하다고도 해석할 수 있습니다.

정규분포를 응용한 성실한 답변 ⋯ 𝔇

그렇다면 이런 경우, 어떻게 숫자를 전달해야 신뢰를

유지하면서도 효과적으로 흥정할 수 있을까요?

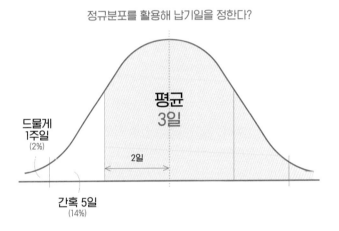

정규분포를 활용해 납기일을 정한다?

평균
3일

드물게
1주일
(2%)

2일

간혹 5일
(14%)

제가 꼭 추천하고 싶은 것이 정규분포를 활용한 협상 기술입니다. 앵커링과 같은 효과를 내면서도 신뢰를 지키며 교섭할 수 있는 흥정 방식이죠.

자, 제품의 납품을 예로 들어볼까요? 한 회사는 주문을 받고 납품할 때까지 평균 3일이 걸립니다. 주문이 몰

리면 5일이 걸리기도 하고, 극히 드문 일이기는 하지만 그 이상의 시간이 걸릴 때도 있습니다. 그렇기 때문에 중요한 납품 건은 '1주일 전'이라는 주문 마감일을 정해두죠.

여기에 정규분포의 발상을 적용해봅시다. 평균적인 납기가 3일이고, 가끔은 2일 정도 시간이 더 소요될 수 있으니 표준편차를 2일로 두겠습니다. 그러면 2일 이상 늦을 가능성은 14%가 됩니다. 4일 이상 늦어질 확률이 2%고요. 어쩌다 2일 정도 더 걸릴 가능성도 있지만 4일을 넘기는 일은 아주 드물다는 사실을 알 수 있죠.

이 수치를 파악한 다음, 상대에게 이렇게 전하는 것입니다. "통상적으로는 5일이면 문제없이 납품할 수 있습니다. 빠르면 3일 안에 되는 경우도 있고, 아주 드물게 5일 이상 소요될 때가 있죠."

어떠한가요? 이 정도로 정확히 전달한다면 상대방도 충분히 납득하고 '5일'이라는 납기일을 받아들이지 않을까요? 무엇보다 중요한 점은 제안하는 입장에서 찝찝함이 없다는 사실입니다. 고객과의 신뢰 관계 구축에 있어서 이는 아주 중요한 문제라고 생각합니다.

4장의 포인트

$+ - \times \div \%$

- 미래의 예측은 가상이라도 좋으니 확률로 얘기하자.

- 이익을 얻는 것보다 손해 보지 않는 쪽을 강조해 전달하자.

- 아주 드물게 일어나는 일을 확률로 전달하자.

5장

온라인 비즈니스에서
사용하는 용어 파악하기

숫자로 말하지 못하는 사람

온라인 회원 수를
늘리기 위해 어떻게든 해봅시다.

VS

숫자로 말하는 사람

현재 10만 명인 온라인 회원 수를
더 늘리는 것과, 평균 5만 원인 구매액을
더 높이는 것 중 어느 쪽이 효과적일지
상황을 보고 판단합시다.

디지털 마케팅의
기본도 숫자

온라인 공포증을 극복하자　　　⋯ 🗩

아직도 온라인 비즈니스에 익숙하지 않은 사람들이 많은 것 같습니다. 전문 용어는 왜 또 그리 많은지, 대화를 따라가지 못할 때도 종종 있죠. 이런 이유로 온라인 사업과 현장 업무 사이에 괴리가 생긴 기업도 있을지 모릅니다.

하지만 이제 IT의 활용은 모든 비즈니스에 필수 불가결한 요소가 되었습니다. 이에 대한 지식 없이 숫자로 말하기란 불가능하죠. 못 알아듣는다고 벽을 칠 것이 아니라 디지털 마케팅 세계의 언어들을 적극적으로 이해할 필요가 있습니다.

미리 말해두지만, 온라인 비즈니스의 기본은 지극히 심

플합니다. 그리고 그 기본은 다름 아닌 '@변환'입니다. 앞 장에서 확인했듯 '@변환' 사용에는 주의가 필요하지만, 다량의 고객 정보를 획득할 수 있는 온라인 비즈니스에서는 정규분포 등의 통계적 수치를 통해 비즈니스를 쉽게 파악할 수 있습니다. 이를 '대수 법칙'이라고 하죠.

'데이터를 얻기 쉽다.' 숫자로 비즈니스 모델을 생각할 수 있다.' 이것이 온라인 기업의 강점입니다. 구체적으로는 '고객 수'와 '구매액'이라는 두 가지 요소로 인수분해해 기업 전략 및 마케팅 대책을 세워나갑니다.

온라인 비즈니스는 그리 복잡하지 않습니다. 이를 뒷받침하기 위해 일본의 대표적 온라인 기업 '메루카리'와 'ZOZO'를 예로 들어볼 텐데요. '@변환'(인수분해)을 사용해 해당 비즈니스 모델과 과제에 대해 생각해보려 합니다.

사용자의 거래액을 바탕으로 계산해보기 ⋯ 🗓

물건을 팔고 싶은 사람과 사고 싶은 사람을 온라인으로 연결해주는 플리마켓 비즈니스를 바탕으로 성장을 거듭하고 있는 '메루카리'. 이 기업의 경영지표가 되는 수치들은 분기별로 급상승하고 있습니다. 그 예로, 2018년 6월기 결산 시 1,075만 명이었던 월간 순이용자(실제로 서비스를 이용한 사람 수)는 점차 증가세를 보이더니 2019년 2사분기에 1,236만 명을 기록했습니다. 2018년 6월기의 취급액은 3,704억 엔(약 4조 1,500억 원)이었으나 2019년 2사분기 시점에 이미 2,200억 엔(약 2조 5,000억 원)을 넘겼죠. 여기서 취급액이란 메루카리의 플랫폼에서 거래된 금액으로, 메루카리에서는 GMV(Gross Merchandise Value)라고 불립니다.

여기서는 계산을 간결히 하기 위해 회원 수(월간 순이용자)를 천만 명, 연간 취급액을 4,000억 엔으로 놓고 시산을 해보겠습니다. 메루카리의 비즈니스 모델은 출품자와 구매자를 연결하는 것입니다. 연간 4,000억 엔의 취급액을 '@변환'으로 요소 분해해보면, 다음과 같은 식이 나옵니다.

천만 명(순이용자) × 4만 엔 / 년(1인당 거래액)

= 4,000억 엔(연간 취급액)

순이용자 한 사람이 메루카리에서 연간 4만 엔의 거래를 하고 있다는 계산이 성립되죠. 연간 4만 엔의 거래액에는 여러 가지 패턴이 있을 것입니다. 주로 1,000엔 정도의 중고 의류나 소품을 거래한다면 1년에 약 40개 정도, 한 달에 3개를 조금 넘는 양입니다. 매주, 혹은 격주로 필요 없는 물건을 팔고, 갖고 싶었던 다른 물건을 사며 부담 없이 거래하는 이미지가 떠오르네요.

반면, 만 엔 정도의 중고 가전 및 생활 잡화를 출품하거나, 한 개에 수만 엔을 호가하는 명품 의류나 가방을 구매하는 패턴도 있을 것입니다. 취급하는 상품의 폭이 넓기 때문에 사용자의 이용 패턴 또한 다양할 수밖에 없죠.

복잡해 보이는 비즈니스도, 방법은 의외로 간단하다 ··· 🎲

만약 여러분이 메루카리의 임원이고, 일본 내에서 사업을 더 성장시키려 한다면 어떤 관점에서 방법을 고민해야 할까요? 답은 아주 간단합니다. 천만 명의 순이용자, 연간 4만 엔의 거래액. 이 요소들을 각각 증가시킬 방법을 모색하면 되죠.

천만 명의 순이용자는 상당한 숫자지만, 아직 일본인 10명 중 1명만이 실제로 메루카리를 이용하고 있다고도 해석할 수 있습니다. 이를 3명 중 1명이 사용하는 서비스로 진화시켜 3천만 명 이상의 순이용자를 확보하는 목표를 세우면 되겠죠.

사용자를 늘리기 위한 이벤트를 진행하거나, 광고와 SNS를 활용해 아직 메루카리를 사용하지 않는 소비자층에 접근하는 등 신규 사용자 획득에 필요한 비용을 의식하면서 효율적인 확보 방법을 고민하는 것입니다.

한편, 연간 4만 엔의 거래액을 늘리기 위해서는 출품 가능한 카테고리를 추가하거나, 애플리케이션의 검색 시스템을 편리하게 업데이트하거나, 애플리케이션 내 안내문(팝업 광고)의 내용을 보완하거나, AI를 활용해 각 사용자에게 맞는 상품을 매칭해 보여주는 추천 항목의 정확도를 높이는 방법 등이 있을 것입니다.

지속가능성과 공유경제에 대한 의식은 매년 높아지고 있고, 메루카리 같은 친환경 시스템에 공감하며 만족을 느끼는 사용자 역시 늘어나고 있습니다. 그들이 더욱 적극적으로 이 비즈니스를 이용할 방법을 모색하면서 한층 더 진화된 서비스를 목표로 삼는 것이 전략의 모범답안 아닐까요.

온라인 비즈니스를 논할 때는 '회원 수'를 체크한다⋯ ☺

요즘 여러모로 화제가 되고 있는 ZOZO. 그 비즈니스의 중심에는 온라인 패션 판매 사이트 'ZOZOTOWN'이 있습니다. 이 비즈니스의 구조 역시 '@변환'을 통해 살펴봅시다.

결산 자료를 참고하면 순이용자(과거 1년 동안 1회 이상 구매한 회원)는 2019년 3사분기를 기점으로 약 615만 명입니다. 계산에 용이하도록 600만 명으로 잡아보죠. 순이용자의 연간 구매액은 4.6만 엔(약 51만 원), 연간 구입 상품 수는 11개이므로 개당 4,100엔 정도의 옷이나 패션 잡화를 구매한다고 볼 수 있습니다. 식으로 정리하면 다음과 같습니다.

600만 명 × 4,100엔 × 11개 = 연간 취급액 2,700억 엔

메루카리의 실제 순이용자인 1,200만 명과 비교하면 고객 기반 규모는 50%. 메루카리가 신품과 중고 구분 없이 모든 상품을 취급하는 반면, ZOZO는 기본적으로 신품 의류를 메인으로 한다는 점을 고려하면 납득할 만한 차이죠.

패션 업계에서 순이용자 600만 명이라는 숫자는 경이적인 것입니다. 어패럴 기업이 100만 명의 회원을 모으는 것은 정말 어려운 일이죠. 매년 트렌드가 바뀌는 업계에서 한 브랜드가 몇 년이나 호조를 유지하기란 쉽지 않습니다. ZOZO가 다양한 브랜드를 취급하는 온라인몰이기 때문에 이 정도의 고객 기반을 유지할 수 있는 것이죠.

숫자 분석 외에도 시대의 흐름을 읽어라   ⋯ 🙂

지금까지 메루카리와 ZOZO를 '@분석'해봤습니다. 양쪽 모두 견고한 고객 기반이 받쳐주고 있다는 사실과 함

🙂US☹

께, 그 어떤 최첨단 기업의 비즈니스도 결국 '고객 수×구매액'이라는 심플한 방정식으로 성립된다는 점을 알게 되었습니다.

그러나 온라인 비즈니스에도 숫자만으로는 논할 수 없는 영역이 있습니다. 예상컨대, ZOZO를 지탱하고 있는 것은 패션에 민감하고 옷을 좋아하는 사람들일 것입니다. 하지만 앞서 언급했듯 사회 전체의 의식은 지속가능성에 주목하고 있죠. 새 옷을 매년 몇 벌씩 사고 버리는 소비 패턴이 앞으로도 이어질지 의문이 생기는 대목입니다. '최첨단 패션을 추구하지만, 몇 번 입고 나면 메루카리에 내놓는다. 그다지 패션에 민감하지 않은 사람들은 이렇게 출품된 중고 의류로 멋 내기를 즐긴다.' 이런 친환경 시스템의 순환이 이미 시작되었다는 것은 명백한 사실입니다.

시즌마다 시장에 대량으로 물건을 풀고 팔다 남은 옷을 세일로 처리하는 구식 비즈니스 모델은 점점 그 기능을 잃어가고 있습니다. 소모품의 대표로 여겨지던 패션 업계가 갈림길에 놓인 것입니다. 과연, 이런 시대의 흐름에 ZOZO가 맞설 수 있을까요?

메루카리처럼 성장을 계속하려면 회원 수를 늘리거나, 회원당 연간 구매액을 높이는 두 가지 선택지밖에 없습니다. 패션에 관심이 많은 일본 내 인구를 최대 천만 명으로 잡았을 때, 증가시킬 수 있는 것은 구매 상품의 개수, 혹은 개당 단가뿐입니다. 체형에 맞춰 커스터마이징(주문 제작)이 가능한 오리지널 세미오더(기성복과 맞춤복의 중간 형태) 상품을 내놓는 등, 최근 ZOZO가 이런저런 프로모션을 전개하는 데에는 이유가 있습니다.

물론, 패션이 아닌 새로운 분야나 시장에 도전하는 방법도 있습니다. '무인양품처럼 식품, 잡화 등 라이프스타일 전반을 아우르는 상품을 취급하면 어떨까?', '아시아를 포함한 해외에 ZOZO의 브랜드를 확장시킬 수는 없을까?' 아마도 경영진은 밤낮없이 수치를 확인하며 다음 스텝을 고심하고 있을 것입니다.

숫자로 말하지 못하는 사람

요즘 사이트를 통한 주문이 줄고 있네.
화면을 화려하게 바꿔서
시선을 좀 끌어봐야겠어.

vs

숫자로 말하는 사람

요즘 사이트를 통한 주문이 줄고 있네.
전환율이 2% 하락했으니
그 원인을 찾아보자고.

디지털 시대의
공통 언어

오히려 더 심플한 온라인 비즈니스 시스템 ··· ♋

이번에는 온라인 비즈니스의 시스템을 '고객 수×구매액'이라는 단순한 식으로 해석해보겠습니다. 온라인 비즈니스도 결국은 '@변환'을 통해 이야기할 수 있다는 사실은 이제 이해하셨을 텐데요. 한 발 더 들어가, 온라인 비즈니스를 숫자로 논하기 위해 필요한 요소들에 대해 이야기해보려 합니다.

앞서 2장에서는 영업 업무에서의 퍼널 개념에 대해 설명했습니다. '영업에서는 방문, 제안, 마무리의 3단계를 돌파해야만 비로소 계약이 성사된다. 마치 깔때기처럼 각 단계에서 고객이 걸러지고 마지막까지 남은 상대와 최종적으로 계약을 맺는다'는 내용이었죠. 이때 각 단계를 돌파

할 확률을 전환율이라 칭했습니다.

온라인 비즈니스의 최종 목표는 물품 구매, 유료회원 가입 등 다양하겠지만, 어느 쪽이든 기본적인 흐름은 동일합니다. 목적에 이르기까지 세 단계의 과정을 거치죠. '모객', '행동', '전환(계약 성립)'의 단계입니다. 각 단계별 돌파율을 '전환율', 계약 성립을 '전환'이라 부르는 탓에 헷갈릴 수 있는데, 부디 혼동하지 않으셨으면 합니다.

그렇다면 영업의 퍼널과 온라인 비즈니스의 퍼널은 어떻게 나룰까요. 일단, 각 숫자의 정확도가 압도적으로 다릅니다. 영업에서의 퍼널 설정은 어디까지나 경험을 바탕으로 합니다. 일단 발로 뛰라는 기존의 방식에 비하면야 숫자로 말하기에 훨씬 가깝지만 말입니다. 온라인 비즈니스는 이보다 더 빠른 속도로 숫자로 말하기에 다가갑니다.

GA를 모르면 업무를 할 수 없다 ⋯ ⑨

우리 회사 사이트에 누가 접속해, 어떤 행동을 하는가. 데이터를 바탕으로 이러한 온라인 고객의 행동을 추적하는 것을 '트래킹'이라고 하고, 이를 분석하는 도구를 '트래킹 툴'이라 부릅니다.

대표적인 것이 Google에서 제공 중인 사이트 분석 툴 Google Analytics(구글 애널리틱스, GA)입니다. 앞서 말했던 '모객', '행동', '전환(계약 성립)'의 단계를 그대로 화면에 보여주죠. 고객의 구매 행동이 획득, 행동, 전환으로 정리되어 모객 채널별 퍼포먼스가 시각적으로 표시됩니다. 예를 들어, 검색(organic search)을 통해 자사 페이지에 접속한 사람이 얼마나 있으며, 그중 어느 정도가 액션을 취해 계약에 이르는지를 알 수 있죠. 소셜미디어에서 자사 페이지로 넘어온 사람의 비율 등도 한눈에 들어옵니다.

GA에는 이 밖에도 다양한 메뉴가 있어서 모객, 행동, 전환의 보다 상세한 분석이 가능합니다. 최근 수년간 스마트 폰이 온라인 비즈니스의 중심이 되었기 때문에 이전보다 확인해야 할 항목이 늘어났음을 실감할 수 있습니다. 온라인 비즈니스의 세계에서는 GA 같은 트래킹 툴 없이는 일을 진행할 수 없습니다.

"GA 수치 봤어? 갑작스러운 변동이 있던데, 프로모션 진행이라도 있었나? 애플리케이션 푸쉬 알림 치고는 전환이 너무 낮고…."

이런 대화를 이해하지 못한다면 이 세계에서 숫자로 말하기는 어려울 것입니다.

체크 필수! 세션과 전환 ⋯ 🕑

언뜻 보기엔 어려운 것 같아도 용어에 익숙해지기만 하면 온라인 사이트 등의 EC(E 커머스) 사이트 및 온라인 서비스의 퍼널은 영업 퍼널에 비해 압도적으로 심플하다는 것을 알 수 있습니다.

세션 × 전환 = 계약 성립

이 2단계의 간단한 퍼널만으로 업무성과를 관리할 수 있죠. 세션이라 함은 방문자 수와 거의 동일한 개념인데, 조금 더 정확히 말해 특정 사용자가 사이트에 접속해 둘러보는 횟수입니다. 메인 페이지만 보고 곧바로 화면을 닫아도, 30분 이상 사이트를 돌아다니며 여러 페이지를 클릭해도 1세션으로 카운팅 됩니다. 알기 쉬운 지표죠.

전환은 각 기업이 정의합니다. EC 사이트라면 구매가 전환이 될 테고, 온라인 서비스의 경우 회원 등록이 이에 해당할 것입니다. 자료 청구나 백서(정부가 국정의 실정을 국민에게 알리는 보고서) 등의 다운로드를 전환으로 삼을 수도 있죠. 비즈니스 특성에 따라 다양한 방식의 전환이 존재합니다.

GA로 수치를 파악해 전략을 세우기　　⋯ 🔟

GA로 각 수치를 트래킹하다 보면 어떤 특정한 수치에 집약됨을 알 수 있습니다. 예를 들어, 자사 페이지의 세션 수가 평일에 50만 건, 주말에 70만 건이라고 합시다. 그중 검색을 통해 유입되어 상품 구매로 이어지는 것이 1%, 광고를 통해 유입되어 구매에 이르는 경우가 0.5%라고 해보죠. 이것은 영업에 이용되는 335 퍼널 등과 같은 개념이지만, 이 숫자는 가설이 아닌 실제 수치입니다. 사이트의 현

상황을 수치로 파악하는 것이 업무의 시작이죠.

이 숫자를 근거로 매출을 올리기 위한 방법을 생각해 나가는 것입니다. 구체적으로는 세션과 전환 모두를 올릴 수 있는 수단을 생각하겠죠.

사이트를 방문하는 사람은 다양한 모객 채널을 통해 유입됩니다. 회사명이나 상품명을 검색해 그 결과를 타고 들어오는 방문자도 있고, 키워드 광고(특정 키워드를 검색한 사람에게 표시되는 광고)를 경유한 사람이나, 프로모션 사이트를 통해 방문한 사람도 있을 테죠. 만약, 검색을 통한 방문 수를 높이고 싶다면 검색 순위를 올리기 위한 SEO(검색엔진 최적화) 대책을 강구하는 방안 등을 모색할 수 있습니다.

아주 간단하게 6배의 매출을 올리는 방법 ··· 2️⃣

이쯤에서 월간 100만 세션의 EC 사이트를 예로 들어볼까요. 전환율은 0.5%로, 월간 5,000건의 신규 고객을 획득 중이라고 가정해봅시다.

100만 세션 × 0.5% = 신규 회원 5,000명

한 미디어에서 이 사이트가 소개되었고, 이 시기에 맞춰 적절한 키워드 광고를 진행해 세션이 3배인 300만을 기록했다고 합시다. 그러면 신규 고객이 3배가 됩니다.

300만 세션 × 0.5% = 신규 회원 15,000명

여기에 그치지 않고, 페이지를 보다 직관적으로 사용할 수 있도록 업데이트합니다. 스트레스 없이 입력 가능한 등록 페이지를 만들고, 특별 혜택이 주어지도록 가입 포인트를 부여해 0.5%였던 전환율을 1.0%로 올리면 신규 회원의 획득 건수는 2배가 되죠.

300만 세션 × 1% = 신규 회원 3만 명

이를 연간 수치로 바꾸면 6만 명이었던 당초의 획득 수가 개선 후 36만 명이 되면서, 큰 차이가 벌어집니다. 회

원이 연간 20만 원의 구매를 한다고 할 때, 매출은 120억 원에서 720억 원으로 600억 원 상승합니다.

이렇게 신규 고객 확보에 성공하면 그다음에는 회원당 구매액을 늘리는 방법도 활용할 수 있게 됩니다. 이 또한 기본적인 접근 방식은 같습니다. 회원을 상대로 하는 페이지의 세션 수와 구매액, 그리고 전환율을 구분해서 생각하는 것이죠. 뉴스레터의 내용이나 송신 빈도, SNS에서의 정보 확산, 모바일 애플리케이션의 푸쉬 알림, 회원에게 발신하는 콘텐츠의 충실도 등 여러 가지 선택지 중, 우선순위를 정해 대응책을 찾아봅시다.

시도 횟수보다 중요한 전환율 … 🖥

2장에서 영업의 기본이란 결국, 시도 횟수를 늘리는 것임을 어필했습니다. 하지만 실제 온라인 비즈니스에서는 그 이상으로 전환율을 올리는 것이 중요합니다.

고객과의 접점이 되는 사이트의 화면 등을 유저 인터페이스(UI), 사용 시의 감각이나 매력의 정도를 유저 익스

피리언스(UX)라고 부릅니다. 사용감이 좋지 않고 쾌적한 쇼핑이 어려운 EC 사이트는 고전할 수밖에 없습니다. 반면, UI나 UX의 업그레이드만으로 전환율이 대폭 개선되기도 하죠.

프로모션 페이지가 얼마나 직관적이고 매력적인가, 상품의 사진과 정보, 리뷰가 얼마나 충실한가에 따라 전환율은 크게 좌우됩니다. UX나 UI의 개선으로 전환율이 1%에서 3%로 오르면 매출은 3배가 되죠.

온라인상에서 세션을 늘리려면 온라인 광고나 이벤트 등 비용이 많이 드는 수단이 필요해집니다. 반면, UX나 UI 개선에는 그 정도까지 비용이 들지 않죠. 그렇기 때문에 온라인 퍼널에서는 더더욱 전환율을 높이는 것이 우선입니다.

디지털 마케팅 용어로 소통하기 ··· 🗓

온라인 퍼널 자체는 단순하지만, 다양한 요소로 분해 가능합니다. 이들을 하나하나 신중하게 검토해 마케팅 전략을 세우고 구체적인 방안을 개선하는 것이 디지털 마케팅 업무라 할 수 있죠.

매출과 이익의 목표를 정해, 목표를 향한 행동을 구현하고 GA를 사용해 그 방안의 효과를 검증합니다. 바람직한 프로모션이었는가, 뉴스레터와 메시지는 충분히 매력적이었는가, SNS의 정보 확산은 기대에 부응했는가, 트위터나 페이스북으로 원하는 만큼의 반응(리트윗 수)을 확보했는가 등등.

체크가 필요한 항목은 고객 획득 비용, 고객당 매출, 순이용자 수, 마케팅 비용 대비 효과지수(ROAS, 광고비 대비 매출액), 이탈률(해약률) 등 다방면에 포진합니다. 인터넷 비즈니스에서 성공한 기업들은 이와 같은 디지털 정보 전쟁에서 치열하게 싸우고 있죠. '@변환'을 바탕으로 숫자를 활용한 가설의 검증을 반복하고 있습니다. 그야말로 이 책에서 주장하는 숫자로 말하기를 수많은 분야에서 실천하고 있는 것이죠. 구태의연하게 직감과 경험만으로 움직이는 이들이 과연 이런 기업을 이길 수 있을까요. 그저 안타까울 뿐입니다.

진화된 IT 기술로 인간의 생활을 보다 윤택하게 만드는 '디지털 트랜스포메이션'의 흐름을 막을 수는 없습니다. 디지털 마케팅에 빅 데이터 분석과 AI까지 더해져 그 흐름은 한층 가속되겠죠. 지금까지 언급한 개념을 충분히 활용해 시대에 발맞출 필요가 있습니다. 최첨단 비즈니스 방식을 몸에 익히고 다음 세대에도 최전선에서 일할 수 있도록 디지털 마케팅 용어로 소통하는 방법을 꼭 체득하셨으면 합니다.

5장의 포인트　　　　　　　　$+ - \times \div \%$

- 온라인 비즈니스도 '고객 수'와 '구매액'으로 심플하게 생각한다.
- GA 수치를 모든 것의 기본으로 삼는다.
- 세션, 전환율 등의 용어를 이해하고 활용한다.

계산 능력을 키우는 방법

계산기를 써도 상관없지만 ··· 🕘

지금까지 소개한 것은 숫자로 말하기의 왕도라 할 수 있는 기술들입니다. 그러나 대화 중에 숫자를 효과적으로 활용하려면 '산기술' 또한 필요하죠. 여기서 중요한 것이 바로 '계산 능력'입니다.

고객과 금액을 흥정하거나, 재정 삭감 회의를 진행하는 등의 자리에서는 수없이 많은 숫자가 오고갑니다. 물론, 사전에 어느 정도 계산은 해두겠지만, 대화를 나누다 보면 그때그때 전제 조건이 변하기 마련이죠.

"1대에 150만 원의 견적이지만, 당초 예정했던 22대보다 많은 25대를 구매할 테니 120만 원까지 가격을 낮춰줬으면 합니다."

만약 이런 제안을 받는다면, 그 자리에서 어느 쪽이 이익인지 판단할 수 있을까요?

"개당 320원씩 할인해주는 셈인데, 여기서 조금 더 깎아서 할인액을 380원에 맞추면 전체적인 가격이 얼마나 낮춰지죠?"

곧바로 이 질문에 답할 수 있나요? 물론, 계산기를 쓰면 해결될 일이지만, 미팅 중에 일일이 계산기를 두드리다가는 대화의 흐름이 끊길 것입니다. 게다가 암산으로 바로바로 답을 하면 상대방에게 '숫자에 강한 사람'이라는 인식을 심어줘 신뢰감을 얻을 수도 있습니다. 일종의 '효과적인 허세'라고 할까요. 흥정할 때는 이런 인상을 심어줄 수 있느냐가 중요한 포인트가 되어 성패에 큰 영향을 미칩니다. 계산 능력을 기르는 것만큼 유용한 것이 없죠.

뭐든지 계산하는 습관을 들인다

하지만 실제로는 계산이 서툰 사람들이 많습니다. 어떻게 해야 계산을 잘할 수 있느냐고 묻는다면 '익숙해지는 것'이 제일 좋은 방법이라 답하겠습니다. 예를 들어, 계산대에서 돈을 낼 때마다 '7,560원이 나왔는데 만 원을 냈으니까 2,440원의 잔돈을 받겠구나' 하는 식으로 계산하는 버릇을 들이는 것입니다.

신문에서 어떤 관광지의 입장객이 100만 명을 돌파했다는 기사를 보면 '입장료가 만 원이면 100억 원 정도의 매출이 나오겠구나'라고 습관적으로 계산을 해보는 것이죠. 식사의 칼로리량을 체크하는 것도 일상적인 계산 연습의 기회가 됩니다. '아침에 500*kcal*, 점심에 800*kcal*를 섭취했으니 하루 2,000*kcal*를 넘기지 않으려면 밤에는 700*kcal* 이내로 먹어야겠다' 하는 식으로 계산해 메뉴를 선정하는 것입니다. 1장에서 소개한 '@변환'의 습관도 당연히 계산 능력을 기르는 훈련이 되겠죠.

해외여행이나 타국 생활은 그야말로 계산 능력을 키우는 최적의 기회입니다. 현지 통화의 환율, 길이와 무게의 단위 등 일상생활의 모든 일에 계산 능력이 필요하기 때문입니다. 예컨대, 미국에서는 거리를 마일로 표시하고, 기온을 화씨로 표시하죠. 저도 유학 시절 고생을 좀 하긴 했지만, 계산 능력을 키우는 데 좋은 훈련이 되었습니다.

이처럼 무엇보다 중요한 것이 '계산하는 습관 기르기'입니다만, 여기에 자유자재로 숫자를 다룰 수 있는 잔기술까지 익혀두면 계산 능력은 한층 더 좋아집니다. 실제로 컨설턴트들이 쓰는 방법을 몇 가지 소개해볼까요?

기술 하나, 큰 숫자와 친해지는 법 ··· ⏱

숫자로 말하기의 최대 적수는 자릿수가 큰 숫자들입니다. 사람들은 자릿수가 큰 숫자를 보면 자연스럽게 거부반응을 일으킵니다. '@변환'이 유용한 이유이기도 하죠. 큰 자릿수 숫자를 쉽게 파악하기 위한 표시 중 하나가 '쉼표'입니다. '1,000'과 같이 0 세 개마다, 즉 천 단위로 쉼표를 찍어 표시합니다.

하지만 실제로는 이 쉼표가 혼란의 원인이 되기도 합니다. 세 자리마다 쉼표를 찍는 방식은 thousand(1000), million(100만), billion(10억), trillion(1조) 단위로 숫자가 커지는 영어에서는 아주 편하지만 만, 억, 조 단위로 네 자리마다 올라가는 언어권에는 그리 적합하지 않습니다. 다만, 국제적인 기준이 세 자리마다 쉼표를 찍는 것으로 되어 있는 이상, 여기에 익숙해질 수밖에 없죠. 영어를 잘하는 사람은 영어로 이해하는 편이 오히려 더 빠를지 모릅니다.

쉼표의 위치로 단위를 기억한다.

쉼표끼리 곱하면 한 단계 위로 올라간다.

1.000.000.000.000

| 1조 | 10억 | 100만원 | 천 |

예)
1,000명의 고객에게
2,000원짜리 상품을 팔았다면 200만 원

결국, 쉼표를 찍는 단위는 천, 100만, 10억, 조라고 외울 수밖에 없는데 생각보다 쉽지 않은 일입니다.

저도 외국계 금융 기관에서 일하던 시절, 큰 단위의 숫자들 때문에 꽤나 고생을 했습니다. 그때 실천했던 방법이, 몇 가지 비즈니스 사례를 기억해 대략의 감각을 기르는 것이었습니다. 조금 더 자세하게 예를 들자면, 다음과 같은 경우인데요.

1,000 단위로 쉼표를 찍는다는 것은 1,000×1,000을 하면 한 단계 위의 쉼표 자리로 간다는 의미입니다. 그러니까 '1,000명의 고객에게 2,000원의 상품을 판매하면 매출은 200만 원', '1,000명의 고객에게 한 명당 300만 원의 예금을 확보하면 총 예금액은 30억 원' 이렇게 구체적인 사례로 치환해서 머리가 적응하도록 하는 방법입니다. 숫자로만 외울 때보다 기억에도 잘 남을뿐더러, 익숙해지면 반사적으로 가늠할 수 있게 됩니다.

기술 둘, 대략적 암산으로 계산 속도에 부스트를!　⋯ 🖉

우리는 대부분 어린 시절에 구구단을 외우기 때문에 한 자릿수 곱셈은 비교적 어려움 없이 해냅니다. 그러나 현장에서 한 자릿수 곱셈이 필요한 경우는 그리 많지 않죠. '단가 450원의 상품 74개', '정가 12,000원 상품 25만

케이스' 등 적어도 두 자릿수 이상인 숫자들을 곱하는 일이 대부분입니다.

두 자릿수×두 자릿수 암산은 훨씬 어렵습니다. 1단위 숫자를 곱한 다음, 10단위를 계산해서 더하는 방식이 일반적인데, 종이에 쓰지 않고 머릿속으로만 계산하는 것은 뇌의 메모리를 상당히 많이 잡아먹는, 쉽지 않은 방법입니다. 개인적으로도 두 자릿수 숫자의 암산에는 그리 능숙하지 못합니다. 주판을 잘 다루는 사람이 암산을 뚝딱 해내는 것을 보면 샘이 날 지경이죠.

두 자릿수×두 자릿수 암산을 빠르게 할 수 있는 '인도식 계산법'이 전 세계로 퍼지고 있습니다만, 사실 숫자로 대화하면서 끝자리까지 정확한 수치를 고집할 필요는 없습니다. 정확한 숫자는 3,650만이지만 그것을 3,700만으로 보든, 3,600만으로 보든 혹은 3,000만대 중반으로 보든, 큰 문제없이 의사결정을 할 수 있는 경우도 많습니다. 자릿수를 틀리지만 않으면 상관없죠. 이렇게 생각하면 계산 능력을 급격히 향상시킬 수 있는데, 저는 이런 방법을 '대략적 암산'이라고 부릅니다.

대략적 암산의 기본 기술은, 둘 중 한쪽 숫자의 1단위를 반올림해 0으로 만드는 것입니다.

15 × 12 = ?

이라는 계산을 예로 들면, 1단위 숫자 중 0에 더 가까운 2를 반올림해 10으로 놓는 것이죠. 그러면,

15 × 10 = ?

이렇게 계산이 간단해지면서 150이라는 답이 나옵니다. 대략적인 계산으로 충분하다면 이 정도의 숫자로도 해결이 가능합니다.

'대략적 암산'의 구조

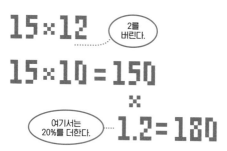

여기서 한 단계 더 올라가면 확실히 '숫자에 강한 사람'

의 이미지를 손에 넣을 수 있습니다.

반올림한 수치가 원래 숫자에 비해 몇 퍼센트 컸는지, 혹은 작았는지를 파악해 그만큼 되돌려놓는 작업을 하는 것이죠. 처음에 숫자를 덜어냈다면 그만큼 더하고, 숫자를 더했다면 그만큼 덜어내면 됩니다.

15×12의 계산을 할 때는 12를 반올림해 10으로 만들었으니 12로 되돌려 놓으려면 20%만큼 더하면 됩니다. 150의 20%를 더하면 180 정도가 된다는 사실은 직관적으로 파악이 가능할 테죠. 실제로 15×12의 답은 180이므로 정확한 계산이 됩니다.

다른 숫자로 한 번 더 계산해 볼까요?

32 × 22 = ?

두 숫자 모두 2로 끝나지만, 22를 반올림해서 20으로 둡시다. 그러면 계산식은

32 × 20 = ?

으로 훨씬 간단해지고, 쉽게 640이라는 답을 찾을 수 있습니다.

그럼, 원래의 답에 더 가까워지도록 20을 22로 돌려놓

는 작업을 해봅시다. 22는 20보다 10% 큰 숫자이므로 1.1
을 곱하면 근사치가 됩니다.

640 + 64(10%) = 704지만, 더욱 단순한 식을 만들기 위
해 60을 더해도 됩니다.

640 + 60 = 700

700과 704는 그리 차이가 크지 않죠.

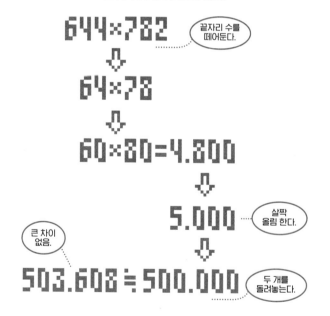

단위가 커져도 기본은 같다.

자릿수가 늘어나도 기본적으로는 이것의 응용입니다. 예를 들어, 644×782의 답을 구하려면 우선 끝자리 수를 떼고 64×78만 남깁니다.

그다음, 반올림으로 단순화하면 60×80이 되고, 4,800이라는 답이 나오죠. 64를 60으로 낮춰서 계산했으니, 이번에는 살짝 올림을 해서 5,000 정도로 둡니다. 마지막으로, 처음에 떼어놓았던 0을 다시 붙입니다. 이 계산에서는 0을 두 개 붙여야 하니까 500,000 즉, 50만이라는 결과가 나오죠. 성확한 답은 503,608로, 꽤 근사치라는 것을 알 수 있습니다.

기억할 것은 '처음부터 세세한 계산을 하지 않고 일단 어림셈을 한 후 나중에 조절한다'는 흐름입니다. 자릿수가 큰 숫자와 맞닥뜨려도 생각을 멈추지 않는 것이 무엇보다 중요합니다.

기술 셋, '역수'를 통해 순식간에 '@변환'을! ⋯ 🖵

1장에서 일본의 인구를 1억 명으로 가정해 '@변환'을 했습니다. 대략적인 느낌을 파악할 때는 어림셈으로도 충분했기 때문이죠. 하지만 실제 일본의 인구는 약 1억 3천만 명. 보다 정확한 계산을 하려면 분모를 1억 3천 만으로 두어야 합니다. 1억 명과 1.3억 명 사이에는 그 나름의 차이가 분명히 존재하니까요.

하지만 1.3억이라는 숫자를 분모로 두고 빠르게 나눗셈을 하는 것은 쉽지 않습니다.

한순간에 암산 능력이 향상된다! '역수' 계산표

1 = 1.1 × 0.9 (0.91)
1 = 1.2 × 0.8 (0.83)
1 = 1.3 × 0.8 (0.77)
1 = 1.4 × 0.7 (0.71)
1 = 1.5 × 0.7 (0.67)
1 = 1.6 × 0.6 (0.63)
1 = 1.7 × 0.6 (0.59)
1 = 1.8 × 0.6 (0.56)
1 = 1.9 × 0.5 (0.53)

* 괄호 안의 숫자는 소수점 두 자리까지 표기한 것입니다.

이럴 때 도움이 되는 것이 '역수'입니다. 업무 현장에서는 분모를 1.1~1.9에 두고 나눗셈을 하는 일이 많습니다. 그런 경우에는 일단 1로 나눗셈을 하고 나중에 특정 숫자를 곱해 원래로 되돌리는 작업을 하죠. 이때 쓰이는 특정의 숫자를 '역수'라고 합니다.

예를 들어 1.1의 역수는 1.1과 곱했을 때 1이 되는 숫자 (1.1× = 1). 즉, 1÷1.1의 답인 0.91이 됩니다.

1.1~1.9의 역수는 앞의 표와 같습니다. 이 설명만으로는 뭐가 뭔지 이해가 어려울 수 있으니 예를 들어 조금 더 자세하게 알아보겠습니다.

가령, 140개의 상품을 제조하는 데 2,000원의 돈이 든다고 합시다. 개당 제조 비용을 구하려면 2,000÷140의 계산이 필요한데, 암산으로 순식간에 답을 찾기란 생각만큼 쉽지 않습니다.

여기서 일단, 140을 반올림해 100으로 만듭시다. 그럼 2,000÷100= 20으로 계산 가능하죠. 이 정도는 쉽게 할 수 있겠죠? 그리고 이 가격에 역수 1.4를 곱하는 것입니다.

표를 보면 1.4의 역수는 0.71. 대략 0.7로 잡으면 되겠네요. 그러면,

20×0.7 = 14원

이라는 계산이 나옵니다. 실제 계산기로 계산을 해보면 14.29가 나오니까 그리 차이가 크지는 않습니다.

처음 계산할 때 140을 100으로 두고 계산했으니, 마지막에 다시 되돌려놓은 것입니다. 140을 100으로 낮췄다는 것은,

100÷140 = 0.7142…

약 70%로 됐다는 뜻이 됩니다. 약 70%의 숫자로 나눴으니 이 단계에서 그 70%를 곱하면 플러스마이너스 제로가 되겠죠. 그래서 마지막에 0.7을 곱한 것입니다. 다시 말해, 150, 1,200 등의 숫자가 나오면 일단 100이나 1,000으로 놓고 계산한 다음, 1.5나 1.2의 역수를 곱하면 됩니다. 초등학생 때 구구단을 외웠던 것처럼 1.1~1.9의 역수를 암기해두면 편하겠죠.

자주 쓰는 숫자만 기억해두는 것도 방법입니다.

가령, 연구원처럼 거시적인 관점으로 생각할 기회가 많

은 사람들은 일본인 인구 1억 3,000만 명과 관련된 1.3의 역수를 알아두면 좋겠죠. 1장에서 일본의 사회보장비는 34조 엔으로 1명당 34만 엔꼴이라는 계산을 했었는데, 사실은 여기에 0.8을 곱한 27.2만 엔이 조금 더 정확한 금액입니다. 이 정도 액수라면 그래도 부담이 덜 된다고 느끼는 사람도 있겠죠?

　사원 수가 170명인 회사에 근무하면서 1인당 비용을 파악하는 업무를 자주 한다면 1.7의 역수를, 정가 1,200엔의 상품을 취급하는 영업 사원이라면 1.2의 역수를 기억해두면 유용할 것입니다. 상품별 제조 비용을 계산할 때든, 여행지에서 환율을 계산할 때든 역수를 알면 어떤 식으로든 도움이 될 것입니다. 회의에서 이런 암산을 척척 해내면 머리 회전이 빠른 사람으로 인식되겠죠.

기술 넷, '제곱 계산'으로 한순간에 목표 수치를 도출한다

　한 가지 더, 의외로 도움이 되는 계산법이 있습니다.

1.1×1.1부터 1.9×1.9까지 같은 수끼리 곱셈을 하는 것입니다. 이 계산이 왜 유용할까요. 기업의 장기 플랜을 이야기할 때 빼놓을 수 없는 계산식이기 때문입니다.

사업의 성장률, 담당 지역의 실적과 목표 등에 대해 이야기하다 보면 '매년 10%의 매출 신장을 목표로 하자' 등의 논의가 오가는 일이 많습니다. 몇 년간 목표치인 10%의 매출 신장을 거듭한다면 그 규모가 얼마나 커질까요?

'○○% Up' 계산을 간단히! 제곱 계산표

1.1 × 1.1 = 1.2 (1.21)	일일·일이
1.2 × 1.2 = 1.4 (1.44)	일이·일사
1.3 × 1.3 = 1.7 (1.69)	일삼·일칠
1.4 × 1.4 = 2.0 (1.96)	일사·이공
1.5 × 1.5 = 2.3 (2.25)	일오·이삼
1.6 × 1.6 = 2.6 (2.56)	일육·이육
1.7 × 1.7 = 2.9 (2.89)	일칠·이구
1.8 × 1.8 = 3.2 (3.24)	일팔·삼이
1.9 × 1.9 = 3.6 (3.61)	일구·삼육

* 괄호 안의 숫자는 소수점 두 자리까지 표기한 것입니다.

멀리 내다보는 데 능한 경영자는 이런 식의 계산을 자주 합니다. 경영 컨설턴트가 신규 사업의 성장 시나리오를 쓸 때도 이 계산을 이용해 이미지를 그리죠. 그 계산에 쓰이는 숫자를 미리 외워두고자 정리한 것이 제곱 계산표입니다. 구체적인 숫자를 표로 만들어뒀으니 리듬에 맞춰 소리로 외워봅시다.

'일삼·일칠'은 1.3×1.3, 즉 30% 성장이 2년 동안 이어지면 1.7이 되어 처음보다 70% 증가한다는 뜻입니다. 이것만 알고 있으면 "2년 연속 30% 성장을 했다"는 말을 들었을 때 그 자리에서 "약 1.7배의 매출을 올렸군요"라고 받아칠 수 있겠죠.

그 반대의 방식도 사용할 수 있습니다. 예를 들어, 현재 2배의 매출을 목표로 하고 있다고 합시다. 목표를 달성하려면 어떻게 해야 할까요? 표를 보면 일사·이공, 즉 1.4×1.4가 2.0이 된다는 사실을 알 수 있습니다. 다시 말해, 연 40%로 2년간 성장하면 실적이 두 배가 된다는 의미죠. 그렇기 때문에 경영자나 일류 컨설턴트들은 2년 후 두 배의 매출을 올리겠다는 목표를 전할 때 "1년 동안 40%의 성장을 목표로 합시다"라는 구체적인 숫자를 언급할 수 있는 것입니다.

이런 대화에서 숫자를 술술 말하는 능력은 의외로 중요합니다. 이상의 방식들을 충분히 이해한 후 끊임없이 계산하는 습관을 들이면 숫자로 말하는 능력이 점점 향상될 것입니다.

숫자가
싫어서

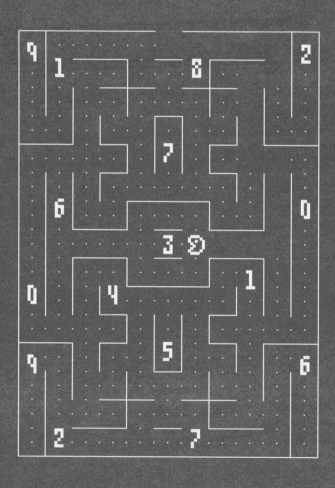

숫자로 말하지 못하는 사람

매장을 넓히면
매출이 오르는 것이 당연하죠.

VS

숫자로 말하는 사람

매장을 넓히면 매출이 오르는 것이
확실한지 분석해봅시다.

회귀분석을 이해하면
AI 시대의 문이 열린다

빅 데이터 분석이란 '식'을 세우는 것 ··· 🔍

지금까지는 주로 '@변환'과 인수분해 등을 활용해 언뜻 무미건조해 보이는 숫자를 '자신의 일'로 만드는 방법에 대해 설명했습니다

예를 들어, 매출의 경우 다음과 같이 분해할 수 있습니다.

상품 단가 × 고객 수

그러고 나서 단가를 올릴지, 고객 수를 늘릴지 아니면 양쪽 다를 노릴지, 항목별 변화를 도모해 매출을 높이는 방안을 모색합니다. 이것이 전략 수립의 기본이죠.

☺ VS ☹

이 경우, 매출에 영향을 주는 변수는 '단가'와 '수량' 두 가지입니다. 이와 달리, 보다 다양한 변수를 사용해 세상의 일들을 분석하고 그 관계를 수학적으로 밝히는 것, 이것이 지금부터 소개할 '다변량 분석'입니다. 최근 '빅 데이터'라는 거창한 용어가 유행하고 있는데, 들여다보면 결국 다변량 분석과 같은 내용입니다. 실제로는 오래전부터 존재하던 통계해석법이죠.

디지털 테크놀로지의 진화로 더 많은 종류의 폭넓은 데이터 확보가 가능해지면서 응용 범위가 확장되어 새로이 주목을 받게 된 것입니다. 스마트폰의 등장으로 모바일 이용 시의 데이터나 구매 데이터의 파악이 가능해진 것도 한몫했습니다. 인간의 행동 패턴을 보다 자세히 분석할 수 있게 된 것이죠.

AI 시대에 필요한 용어 ··· 🗐

덧붙이자면, AI(인공지능)도 비슷한 종류라 할 수 있습니다. '기계 학습'이라 불리는 통계해석법을 이용해 모델을 구축해나가죠. 사용 가능한 데이터가 갖춰지고, 데이터 처리 기술이 진화해 복잡한 해석 모델을 개발할 수 있게 되자, AI는 더 큰 가능성을 품게 되었습니다. 그 잠재력은 실로 굉장해서 인간의 지능마저 뛰어넘을 수 있기 때문에 최근 문제로 대두되고 있죠. 하지만 AI라는 괴물이 어느 날 갑자기 만들어지는 것은 아닙니다.

그렇지만 AI의 데이터 해석 및 처리 능력이 인간이 대적할 수 없는 레벨까지 올라간 것은 엄연한 현실이죠. 사실, 굳이 이 싸움에서 이기려고 애쓸 필요는 없습니다. 인간에게 필요한 것은 AI의 활용 방법을 모색하는 일이니까요.

이를 위한 최고의 지름길은 다변량 분석의 기초를 이해하는 것입니다. 그러면 빅 데이터와 AI를 스스로 분석하지는 못하더라도, 관련된 대화를 할 수 있게 되죠. 대화하는 능력이 생기면 빅 데이터 및 AI의 활용도 가능해집니다. 지금부터 다룰 내용은 이른바 'AI 시대에 숫자로 말하는 능력'입니다. 다소 전문적인 내용도 포함되어 있지만, 꼭 같이 따라와 주셨으면 합니다.

미리 알아둬야 할 통계 해석 지식이 몇 가지 있습니다
만, 그중 가장 먼저 '중회귀 분석'에 대해 살펴보겠습니다.
이 개념을 알면 빅 데이터 활용 및 AI 활용의 구체적인 이
미지가 떠오를 것입니다.

여기서는 '와인의 가격'을 예로 중회귀 분석을 설명하겠
습니다. 와인 애호가들에게는 새삼스러운 이야기일지도 모
르지만, 레드 와인의 가격은 산지와 포도 품종, 기후와 저장
기간에 따라 달라집니다. 전문가들의 테이스팅 리포트와 평
점도 가격에 영향을 준다고 하더군요. 와인에 정통하려면
많은 공부가 필요한 것도 이 때문입니다. 간결하고 수학적
인 방법으로 와인을 평가하는 공식을 궁금해하는 사람들
이 많아서인지, 와인 평가에 관한 통계 해석 모델 연구 개발
도 꾸준히 이어져 왔습니다.

MBA 유학 시절, 시카고 대학 통계학 수업에서 '중회귀
분석 소프트웨어로 와인 가격을 예측하는 모델'을 만드는
과제를 내주기도 했었죠. 와인 생산에 대한 지식이 없는 저
에게는 꽤나 까다로운 과제였습니다. 그러던 중 《와인 경제

학 저널Journal of Wine Economics, Volume 7(2012)》에 발표된 한 리포트가 화제를 모았습니다. 그 리포트에 따르면, 다음과 같은 중회귀 분석 수식으로 와인의 가격을 책정할 수 있습니다.

- 보르도 와인의 가격(런던 옥션의 가격)

    = 0.0238 × 햇수

    + 0.616 × 포도 생육기의 평균 기온(4월~9월)

    − 0.00386 × 8월의 강우량

    + 0.001173 × 포도 생육 전기의 강우량(10월~3월)

- 결정계수(R^2) = 0.828

※ 주의 독립변수, 종속변수 모두 자연 대수로 변환한 중회귀 분석

복잡한 와인 가격이 단 4개의 변수, 경과 햇수(빈티지), 생육기의 평균 기온과 수확 시기(8월)의 강우량, 생육 전기의 강우량으로 결정될 줄이야. 처음 이 사실이 알려졌을 때, 업계에는 엄청난 파장이 일었다고 합니다.

주목해야 할 것은 '결정 계수(R^2)'입니다. 이 수치가 높을수록 모델의 정밀도가 높다고 여겨지는데, 이론상 최대치는 1.0입니다. 결정 계수 0.828이라는 숫자는 대략적으로 설명하자면, 이 계산식에 적용했을 때 약 83%의 확률로 와인의 가격을 예상할 수 있다는 의미입니다.

비가 내리면 와인 가격이 얼마나 오르내릴까 ··· ☺

이 통계 모델은 어떤 구조를 가졌을까요. 하나하나 풀어 설명해보겠습니다. 일단 '0.0238×햇수'는 '1년간 묵혀두면 가격이 약 2.4% 상승한다'는 의미입니다. 당연히 서장 기간이 길어질수록 가격이 올라가겠죠.

다음, '0.616×포도 생육기의 평균 기온(4월~9월)' 부분은 포도가 성장하는 시기인 4월부터 9월까지의 평균 기온이 가격에 영향을 미친다는 것을 나타내는데, 기온이 0.1도 오를 때 6.1% 가격이 상승한다는 뜻입니다.

'0.00386×8월의 강우량'은 앞에 붙은 마이너스 표시에서 알 수 있듯이, 8월에 비가 오면 가격 하락의 요인이 된다는 의미죠. 강우량이 $1ml$늘면, 가격이 0.4% 내려갑니다.

한편, '0.001173×포도 생육 전기의 강우량(10월~3월)'을 보면 포도의 생육 전기인 10월부터 3월까지는 강우량이 $1ml$증가할 때, 0.1% 가격이 올라감을 확인할 수 있습니다.

참고로 햇수, 기온과 같은 독립적인 수치를 '독립변수'라고 부르고, 독립변수에 따라 변화하는 수치를 '종속변수'라고 부릅니다. 여기서는 와인 가격이 종속변수가 되는 것이죠. 영향을 주는 쪽이 독립변수, 영향을 받는 쪽이 종속변수라고 생각하면 쉽습니다.

자, 지금까지 설명한 내용이 바로 '중회귀 분석'입니다. 분산되어 있던 데이터가 원래 있어야 할 자리로 돌아온다는 뜻의 단어로 '회귀'는 영어 'regression'의 번역어입니다. 하나의 변수가 바뀌었을 때 다른 변수가 어떻게 변하는지, 그 관계성을 밝혀내는 것이 '회귀 분석'이며 그중 복수의 독립변수에 의해 종속변수의 값이 결정되는 것을 '중'회귀 분석이라 칭하죠.

　가장 심플한 것은 역시 독립변수, 종속변수가 각각 하나인 회귀분석입니다. 이는 중학교에서 배우는 1차 함수 y=ax+b로 정리가 가능합니다. x축과 y축이 있는 익숙한 2차 그래프로 나타낼 수 있죠.

　예를 들어, 당신이 소매품 체인점 본부에서 일하면서 각 매장의 면적과 매출 데이터를 가지고 있다고 합시다. 이를 x축과 y축의 그래프로 나타냈을 때 다음의 표와 같았다고 가정해봅시다.

　'매장 면적이 넓을수록 매출이 높다.' 완만한 그래프이긴 하지만 이 정도의 관계성은 파악할 수 있을 것입니다. 하지만 정말 그렇게 단언할 수 있는지 확인하려면 회귀식 혹은 결정계수의 산출이 필요해집니다.

　표 중앙에 선이 하나 있는데, 이 선은 결코 의미 없이 대충 그어진 것이 아닙니다. 통계적 의미가 제대로 있죠. 분산된 각각의 실측값에서 예측값을 도출해낸 이 식을 '회귀식'이라 부르고 이로 인해 얻게 된 선을 '근사선'이라고 부릅니다. 이 회귀식은 '최소제곱법'이라는 방법을 통

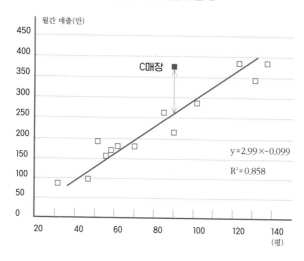

매장 면적과 매출의 관계

평수	매장/벌(만엔)
30	85
45	95
52	190
56	155
58	168
60	180
66	182
80	250
85	220
90	382
100	290
120	368
125	340
130	370

해 산출됩니다.

최소제곱법이란 회귀식에 적용한 예측값과 실측값의 편차의 제곱이 최소가 되는 회귀계수 a와 b를 구하는 방법을 말합니다. 매장의 평균적인 면적과 매출을 뽑아 이들이 평균에서 얼마나 멀어져 있는지 편차를 파악하는 복잡한 과정이 필요한데, 자세히 설명을 하려면 한두 페이지로는 부족할 테니 여기서는 생략하겠습니다.

회귀식이 산출되면 그다음은 조금 전 와인의 사례에도 등장했던 결정계수 R^2을 구합니다. R^2을 구하는 방식은 다음과 같습니다.

결정계수(R^2)= 예측값의 평방화 / 실측값의 평방화

※ 평방화는 각 실측값에 대해 (실측값-평균치)^{2}을 계산해 더한 것. 이를 (실측값의 개수-1)로 나눈 것이 '분산'이며 그 제곱근(루트)을 찾아 평균과 단위를 갖춘 것이 표준편차다. 간단히 말하면 데이터의 쏠린 정도를 나타내는 편차치의 친척뻘인 셈이다.

이에 대한 설명도 생략하겠습니다만, 결정계수를 나타

내는 식은 회귀식으로 도출한 예측값을 실측값으로 나누는 것으로, 예측값과 실측값이 가까울수록 답이 1에 가까워져 정밀도가 높아지는 관계라는 사실을 이해해주시면 좋겠습니다.

이 예시에서 R^2은 0.858입니다. 그렇다면 관련성의 정밀도가 꽤 높은 편이라 할 수 있죠. 사실은 이 정도의 기본을 갖췄을 때 비로소 '사업을 키울 때는 매장 면적 확대가 열쇠가 될 수 있습니다'라는 주장이 가능한 것입니다.

'아웃라이어'에 비즈니스의 힌트가! ··· ♋

또 한 가지, 이 회귀식에서 얻을 수 있는 유용한 데이터가 있습니다. 그것은 회귀식에서 크게 벗어난 '아웃라이어'입니다. 예를 들어, C매장의 매출은 회귀식의 근사선보다 꽤 위에 있었죠. 즉, 매장 면적에 비해 매출이 높다는 뜻입니다. 이런 아웃라이어를 발견했다면, 찬스를 잡은 것입니다. 이 가게에 매출 상승의 힌트가 숨겨져 있을 가능성이 있기 때문이죠. 어쩌면 상품 진열에 특별한 노하우가 있을지도 모릅니다. 고객 대응 방법이 탁월할 수도, 매장 내 프로모션 진행이 효과적일 수도 있죠. 일단은 C매장의 점포 운영 방식을 꼼꼼하게 조사해봐야 합니다.

만약, 조사 결과 '매일 정해진 시간에 타임 세일을 한 것이 효과적이었다'라는 사실이 밝혀졌다고 합시다. 그 외의 요소가 다른 매장과 차이가 없다면 이 방법을 모든 매장에서 전개함으로써 전체 매출을 올릴 가능성이 있다는 뜻이 됩니다. 이것이 바로 '벤치마킹' 수법이죠. 성공적인 사례에서 그 요인(KFS: Key Success Factor)을 추출하는 고전적인 방법인데, 컨설팅 업계에서는 지금도 꾸준히 사용되고 있습니다.

이상의 내용은 회귀 분석, 중회귀 분석의 기초이자 통계학의 기본이기도 합니다. 세상에는 아주 사소한 상관관계를 발견해놓고, 그것이 마치 절대적 진리인 양 목소리를 높이는 사람들이 있습니다. 데이터 분석은 분명 중요하지만, 숫자에 휘둘리는 일만큼은 피해야 합니다.

통계학의 기본을 아는 것은 데이터를 앞세운(혹은 그렇

게 포장한) 주장에 쉽게 현혹되지 않기 위해서도 중요한

일입니다.

숫자로 말하지 못하는 사람

아무리 그래도 재고가 너무 많네요.
일단 재고를 줄이도록
관련 부서에 통지합시다.

숫자로 말하는 사람

아무리 그래도 재고가 너무 많네요.
데이터를 바탕으로 원인을 분석해봅시다.

데이터의 프로들과
대등하게 토론하기 위한 기술

다변량 분석으로 무엇을 할 수 있는가 ··· 🐍

빅 데이터 분석 또한 앞서 다뤘던 와인 가격의 예측, 점포의 매출 분석과 비슷한 것이라고 보면 됩니다. 더 많은 데이터를 취급하기 때문에 '다변량 분석'이라 칭합니다. 예측 모델이나 데이터 분석으로부터 '무엇을 해야 할지' 그 시사점을 찾고 비즈니스에 활용하는 것이 목적입니다.

다변량 분석을 실무에 십분 활용하기 위해서는 통계학과 분석 소프트 습득이 필수입니다. 업무에의 진입 장벽이 꽤 높다 보니, 이 일을 전문으로 하는 '데이터 사이언티스트'들은 여기저기서 의뢰를 받으며 높은 보수로 일합니다.

물론, 디지털 테크놀로지가 진화함에 따라 지금껏 고급

기술로만 여겨졌던 분석 모델 개발이 비교적 손쉬워진 것도 사실입니다. AI 역시 베이스는 '다변량 분석 그 자체'이므로 기본만 알면 응용 버전으로 사용이 가능합니다.

제가 AI를 통한 예측 모델 개발에 참여할 수 있었던 것도 과거 통계 분석을 활용한 프로젝트에 몸담았던 경험이 있기 때문입니다. 조금이라도 통계 분석에 관한 지식이 있으면 디지털 테크놀로지와의 거리를 한 번에 좁힐 수 있습니다.

이 책은 데이터 사이언티스트를 꿈꾸는 이들을 위한 것이 아닙니다. 어디까지나 '숫자로 말하기'가 목표인 만큼, 다변량 분석으로 무엇을 할 수 있는지 이해하고 전문가와 대등하게 토론하는 것, 나아가 '전문가에게 정확한 지시를 내리는 것'을 목표로 이야기를 이어가볼까 합니다.

유비무환의 자세로 예측을 모델화한다 · · · ②

다변량 분석으로 할 수 있는 일, 그 첫 번째는 '예측'입니다. 와인 가격을 시뮬레이션하는 통계 해석 모델은 '예측의 전형적인 예죠. 과거 데이터를 바탕으로, 미래를 예측합니다. 점포나 EC에서의 매출 예측, 신제품의 매출 예측, 최적 재고량 계산, 가격 인하로 인한 매출 증가 예측(재고 처리량 예측) 등, 데이터가 갖춰지면 다양한 예측 모델을 만들 수 있습니다.

이런 모델은 비즈니스 현장에서 필요도가 높습니다. 장래를 내다보는 것은 어려운 일이지만, 동시에 경영에 큰 영향을 미치는 요소니까요. 예를 들어, 재고가 발생하는 비즈니스 모델에서는 생산량 및 점포에의 투입량에 오류가 생기면 한순간에 현금 흐름(cash flow)이 악화됩니다. 의욕적으로 대량 투입한 신제품이 실패로 돌아가거나 자금이 부족해져, 회사가 기울지도 모릅니다.

이때, 매출 및 적정 재고를 예측하는 모델을 만들면 이를 방지할 수 있습니다. 불필요한 재고를 보유하거나 남는 물건을 헐값에 팔아넘기는 일 없이 마진을 확보할 수 있죠. 상품을 폐기하지 않고 효율적이며 친환경적인 판매 활동을 전개할 수 있습니다.

다변량 분석이 유용한 두 번째 영역은 '확률 계산'입니다. 과거의 데이터를 해석하고 어떤 사건들이 일어날 확률을 계산합니다.

A씨라는 고객이 B라는 상품을 구매할 확률이나 흡연, 음주와 같은 습관으로 인해 병에 걸릴 확률을 계산하는 것처럼 과거의 데이터를 통해 규칙성을 도출해 확률을 내는 방법이죠. 무언가를 판단할 때 주로 사용하므로 '의사 결정 모델'이라고도 부릅니다. 최근에는 데이터 처리 능력의 진화로 방대한 데이터를 활용한 복잡한 확률 계산이 가능해졌습니다.

참고로 AI를 사용한 이미지 분석 및 자연 언어 해석은 이 확률 계산의 확대 응용 버전입니다. '어떤 사진을 보고 그것이 고양이일 확률을 계산한다' 'SNS의 문장을 통해 그 사람의 성격이 특정 부류에 속할 확률을 계산한다' 등. AI가 행하고 있는 것은 방대한 데이터를 바탕으로 만들어진 의사결정 모델을 이용해 답을 구하는 작업입니다.

　세 번째 영역인 '시각화'란 데이터를 알기 쉽게 분류하는 방법입니다. '고객 만족도와 그 인과관계를 밝혀 가장 효과적인 방법 찾아내기', '데이터 샘플을 여러 개의 그룹으로 분류해 전체적인 흐름 파악하기', '직원 대상의 설문을 바탕으로 사원 만족도 향상을 위한 우선순위 정하기'. 이 모든 것은 통계 해석을 통해 시각화할 수 있습니다.

　다음의 표는 직원의 불만과 그 이유를 다변량 분석으로 도식화한 차트입니다. 가로축은 현재 상황에 대한 불만도, 세로축은 직원 만족도(업무 만족도)에 영향을 끼치는 정도입니다. 별표의 내용들은 불만의 원인이고요.

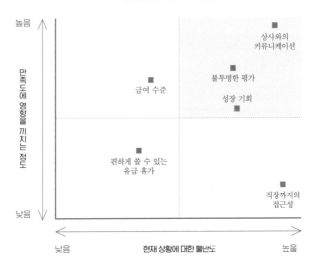

직원의 불만을 시각화

오른쪽 위의 '상사와의 커뮤니케이션'은 현재 불만족도도 높고, 직원 만족도에 끼치는 영향도 크다고 표시되어 있습니다. 다변량 분석을 사용하면 만족도에의 공헌도(=영향을 많이 끼치는 정도) 및 개선의 우선순위를 수치화할 수 있습니다.

이 해석 결과로부터 찾아낸 방법은 아주 심플합니다. 우선순위가 높은 항목부터 확실히 대응하는 것이죠. 만족도에 영향을 끼치는 정도와 현재 상황에 대한 불만도가 모두 높은 항목을 그대로 방치해두면 불만이 쌓여 퇴직으로 이어질 수 있습니다. 이 경우, '상사와의 커뮤니케이션', '자신에 대한 평가의 불투명함', '성장 가능한 기회'에 대해 구체적인 액션을 취할 필요가 있는 것입니다.

데이터 사이언티스트의 현실 ··· 🗒

다시 말씀드리지만, 이 책은 데이터 사이언티스트를 대상으로 한 것이 아니기 때문에 기본적으로는 소프트웨어를 이용해 실무를 진행하는 방법에 대해서는 다루지 않을 생각입니다.

다만, 현장에서 분석 소프트웨어가 어떻게 사용되고, 어떤 식으로 작업이 진행되는지에 대한 현실 감각은 꼭 해당 업무의 담당자가 아니더라도 익혀두는 것이 좋으니 간단히 소개해보겠습니다.

데이터 사이언티스트의 업무는 '무엇에 대한 답을 구할까'라는 목표의 설정부터 시작합니다. 당연한 말이지만

이 단계 없이는 데이터 분석을 시작할 수 없죠. 매출 예측의 시뮬레이션 모델을 만들지, 재고 최적화 모델을 개발할지, 고객 만족도의 개선 항목을 시각화할지, 그 비즈니스 목표를 설정해야 합니다. 그다음, 실현을 위해 필요한 해석 모델을 찾는 것입니다.

사내 데이터를 효율적으로 사용하기 위하여 ··· 🖾

다음으로, 회사 안팎의 데이터를 확인합니다. 고객만족도나 브랜드 조사 같은 외부 데이터 및 리서치 결과를 사용할 경우, 수집 데이터를 특정하고 아웃풋을 디자인합니다.

고객의 구매 데이터나 자사 사이트의 이력 등 사내 데이터를 분석에 활용할 때는 사내 데이터부터 수집하면 되겠죠. '사내에 축적된 방대한 데이터를 적극 활용하라'는 말들을 자주 하지만, 사실 이것은 생각만큼 간단하지 않습니다.

사내 데이터를 활용할 때는 먼저, 데이터의 유무와 그

질을 확인해야 하는데 IT 팀에 문의해봐도 필요한 데이터가 정리되어 있지 않은 경우가 태반입니다. 정리되어 있지 않으니, 애초에 어떤 자료가 있는지조차 알기 힘들죠. 어렵게 찾아내더라도 여러 데이터베이스가 통일되지 않은 규격으로 존재하기 때문에 연동에 애먹기 일쑤입니다. 이들 모두 지극히 흔한 일입니다. 힘겹게 찾아낸 사내 데이터를 바탕으로 활용 가능한 모델을 구축할 수 있을지 고민하며 분석 소프트웨어와 씨름하는 일. 이것이 데이터 사이언티스트의 현실적인 업무이기도 합니다.

명확한 IT 전략도 없이 벤더의 요청에 따라 주먹구구식으로 업무 시스템을 구축해온 기업일수록 위와 같은 사태를 겪기 쉽습니다. 당장의 업무와 직결된 전산 처리만을 우선시하던 시대가 길었으니 어쩔 수 없는 일이긴 하죠. 전략적으로 데이터를 축적하고 이를 분석해 기업의 힘을 키우고자 하는 사고방식이 자리 잡은 것은 극히 최근입니다.

그러나 데이터 분석이 이윤 창출로 이어지고, 이를 위해 전략적 데이터의 기반 구축 및 데이터 축적이 필요하다는 것은 명백한 사실입니다. 만약, 이 단계에 이르지 못했다면 먼저 데이터 인프라부터 정리해야 합니다. 시스템의 개발이 완료되고 데이터가 축적되면 몇 년 후에는 빅데이터 분석을 활용한 전략 경영이 가능해질 것입니다. 경쟁에서 우위를 점할 수 있게 되겠죠.

'R'이 뭐지? '파이썬'은 또 뭐고?

이어서 그들이 사용 중인 개발 소프트웨어에 대해 설명해보겠습니다. 아웃풋 이미지를 파악하고 사용 가능한 데이터를 확인한 데이터 사이언티스트는 분석 작업에 적합한 소프트웨어를 이용해 작업을 진행합니다.

그리 고난도의 작업이 아니라면 대부분의 컴퓨터에 포함되어 있는 엑셀에 기능을 추가해 사용하는 통계 분석 도구만으로도 꽤 다양한 작업을 할 수 있습니다. 설문 조사 결과를 통계 처리해 그래프화 하는 일이나 와인의 사례에서 소개했던 중회귀 분석 같은 일은 엑셀로도 충분히 할 수 있죠.

다만, 한층 더 복잡한 고도의 작업에는 다변량 분석에 특화된 전문 소프트웨어가 사용됩니다. 'R', 'SAS', 'SPSS' 등이 대표적이죠. 'R'은 프로그래밍 언어를 활용하는 소프트웨어로, 습득에 어느 정도 시간이 필요합니다. 다만, 그만큼 성능이 뛰어나서 예전에 함께 프로젝트에 참여했던 팀원들이 'R'을 통해 도출한 양질의 결과물은 늘 감동스러웠죠.

참고로 AI에서는 '텐서플로TensorFlow', '파이썬Python'과 같은 프로그램 언어를 쓰는 것이 일반적입니다. 파이썬으로도 다변량 분석이 가능하기 때문에 처음부터 이쪽을 배우는 것도 방법이죠. 어떤 언어를 배우든 통계 해석의 기본은 따로 마스터해둬야 합니다.

모델링 작업은 그야말로 장인의 기술 ⋯ 🗲

일단 필요한 데이터를 수집한 후 전용 소프트웨어를 사용해 간단한 분석 모델을 만듭니다. 테스트 버전 모델 같은 것이죠. 특정 상품의 매출을 종속변수(Y)로, 일시, 캠페인의 유무, 가격대, 할인율, 기온, 광고 및 선전의 투하량, SNS 리트윗 횟수 등을 독립변수(X)로 놓고 중회귀 분석을 진행합니다. 포맷이 다른 데이터들을 표준화한 다음 다변량 분식 소프트웨어를 가동하죠.

분석 소프트웨어는 모든 독립변수(X)가 종속변수(Y)에 얼마나 큰 영향을 미치는지 계산합니다. 그 결과로부터 어느 변수가 매출에 영향을 끼치는 요인인지 파악합니다. 소프트웨어에는 각 독립변수(X)의 통계적 의미를 수치로 가르쳐주는 기능도 있습니다. '변수 X1은 통계적으로 의미가 있으나, X5는 통계적 변수가 되지 않는다' 등의 정보죠.

이런 정보를 토대로, '변수를 추려야 정밀도 높은 모델이 된다'는 해석의 기본 원칙에 따라 정말 중요한 독립변수만을 선별해 불필요한 변수를 줄여갑니다. '변수 감소법'이라고 불리는 방법입니다. 실제로는 꽤나 힘든 작업이기 때문에 데이터 사이언티스트는 수많은 시행착오를 반복합니다. 정밀도 높은 예측 모델을 구축하기 위해 많은 시간과 수고를 들이죠.

이렇게 완성된 모델은 현장의 테스트를 거쳐 예측 정밀

도를 높이도록 조정된 후, 실전에 배치됩니다. 그야말로 데이터를 다루는 장인의 기술이 필요하죠. 데이터를 취급하는 센스나 데이터 처리를 위한 다양한 기술이 요구되므로 몇 년간 다변량 분석 관련 실무를 거친 후에야 비로소 한 사람 몫을 할 수 있습니다. 이것이 바로 데이터 사이언티스트의 기술이 높은 가격에 팔리는 이유입니다.

6장의 포인트　　　　　　　＋－✕÷％

- '회귀 분석'의 개념을 알아두자.
- '다변량 분석'으로 할 수 있는 일을 이해하자.
- 데이터 사이언티스트의 역할을 파악해두자.

숫자가
싫어서

7장

AI를 논하는 사람만이
미래를 논할 수 있다

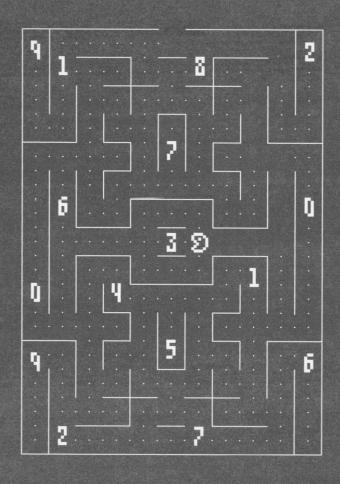

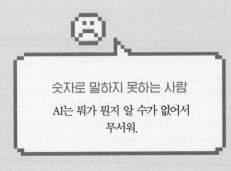

숫자로 말하지 못하는 사람

AI는 뭐가 뭔지 알 수가 없어서
무서워.

VS

숫자로 말하는 사람

그 문제는 AI로 해결할 수 없는지
확인해보자.

AI 활용을 위해
알아두면 좋은 기초 지식

블랙박스 안을 들여다보자 ··· 😵

'AI 관련 서적을 읽었다. 여러 가지 가능성이 보이긴 하는데, 실제로 뭘 할 수 있는지는 잘 모르겠더라.'

AI에 관심 있는 사람들 중에 이렇게 생각하는 사람도 많을 것입니다. 이렇게 된 데에는 미디어의 영향도 있는 것 같습니다. AI가 어떤 시스템으로 움직이는지 기본조차 이해하지 못한 사람이 글을 쓰기도 하고, 전문 용어를 부연 설명도 없이 사용하는 책들도 있으니까요(아마 설명을 못하는 것이겠죠). AI는 '@변환', 그리고 다변량 분석의 연장선에 있다는 이야기를 했었습니다만, 다변량 분석과는 달리 '알기 쉬운 수식'으로 표현할 수 없는 것이 AI의 까다로운 점입니다.

AI의 시스템을 대략적으로 설명하면, 여러 가지 데이터를 AI에 '먹이는(AI 업계의 독자적 표현)' 방법을 통해 활용 가능한 결과를 얻는 것입니다. '이 고객은 80% 확률로 신상품을 구매합니다.' '이 환자가 XX에 걸렸을 확률은 70%입니다.' 이런 식으로 말이죠.

그 결과가 숫자로 이뤄진다는 점은 다변량 분석과 동일하지만 AI의 경우, 그 숫자가 나오기까지의 과정이 잘 보이지 않습니다. AI는 이후 설명할 '뉴럴 네트워크'를 통해 데이터를 '소화'하는데, 이를 파악하기가 쉽지 않죠. 이른바 '블랙박스화'하고 있기 때문에 '뭔가 명확하지 않다', '왠지 믿을 수가 없다'는 인상을 주는 것입니다.

AI를 논하려면 AI 구조에 대한 공부가 필수입니다. 여러분이 구체적인 이미지를 그릴 수 있도록 어떤 계산 과정(알고리즘)으로 예측 결과를 구하는지 차근차근 설명해보겠습니다. AI가 '먹은' 데이터를 어떻게 소화시키는지 자세히는 알 수 없지만, 소화의 대략적인 구조만큼은 이해해두자는 것이죠. 이런 자세가 중요합니다.

6장에서 소개한 와인의 중회귀 분석 모델을 다시 한번 떠올려볼까요. 와인을 저장해둔 햇수, 생산된 해의 기온과 강우량 등의 독립변수로부터 와인 가격이라는 종속변수가 도출되는 흐름이었죠.

같은 방식으로 다섯 가지의 독립변수가 어떤 결과에 영향을 미친다고 예측할 경우, 다음과 같은 식이 성립합니다.

$$Y=aX_1+bX_2+cX_3+dX_4+eX_5$$

여기에서 중요한 것은 각 X의 계수인 a, b, c, d, e의 수치입니다. 예측치 Y는 각 계수의 영향을 크게 받습니다. 와인의 사례에서는 '0.0238×햇수'(1년 저장해두면 2.4% 가격이 올라간다)라는 계수가 설정되어 있었습니다.

어떤 변수에 얼마의 계수를 곱해야 할까? 데이터 사이언티스트는 다변량 분석 전용 소프트웨어를 통해 계수의 정밀도를 높이는 작업을 반복합니다. 이것을 실용화 단계까지 끌고 가기 위해서는 엄청난 시간이 걸리죠.

과연, AI를 사용하면 작업을 간략화 할 수 있을까요? 대답은 '절반의 YES'입니다. 이것이 AI로 모델 개발을 하는 장점 중 하나죠. 다소 어폐가 있을지는 모르지만, AI가 하는 모델 개발은 우수한 실력을 지닌 데이터 사이언티스트 100명이 모여 작업을 분담해 최적의 예측 모델을 개발하는 것과 같습니다. 변수 선택이나 계수의 정밀화에 드는 수고와 노동을 컴퓨터가 대신해주는 것이죠.

'뉴럴 네트워크'란 결국 무엇인가? ··· 🕑

AI에서 사용되는 뉴럴 네트워크neural network 방식을 다변량 분석과 비교해 상세하게 살펴보겠습니다. 뉴럴 네트워크란 인간의 뇌를 모방해 만든 계산 시스템입니다. 뇌속의 뉴런이 여러 층의 시냅스와 연결된 모양과 많이 닮아 있죠. 다양한 데이터가 오가는 와중에 중요도에 따라 전기 신호가 강해지고 약해지는데, 그 구조 역시 인간의 뇌와 유사합니다.

가끔 인터넷에서 동영상을 보다 보면 특정 정보에 뇌가 반응해 무언가가 떠오르거나, 기분이 좋아지는 경험을 할 때가 있습니다. 뇌가 모든 정보를 병렬로 처리하지 않고 강약을 조절해 처리하기 때문이죠. 뉴럴 네트워크 또한 이런 흐름과 비슷합니다.

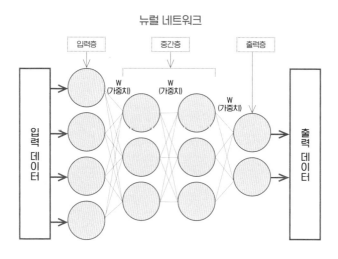

뉴럴 네트워크

위 그림은 뉴럴 네트워크의 이미지입니다. 뉴럴 네트워크에서는 입력 데이터와 출력 데이터 사이에 '중간층'이라는 것이 형성됩니다. 중간층은 독립변수인 입력층(X_i)에 랜덤으로 계수(W: 가중치)를 걸어 만들어진 새로운 데이터 층입니다. 그리고 각 중간층의 데이터에도 랜덤의 가중치가 적용되어 결과가 나옵니다. 이것이 출력층, 즉 예측 결과가 되는 것이죠.

이 예측 데이터를 정답 데이터와 대조합니다. 당연한 이야기지만, 임의의 숫자가 적용된 것이니 처음부터 일치할 리는 없죠. 이때부터 예측 데이터가 정답 데이터와 가까워지도록 단계적으로 가중치를 조정해나갑니다. 여기서 사용되는 것이 '오차역전파법(Backpropagation)'이라는 방법으로, 간단히 설명하면 미분을 활용해 가장 적합한 수학적 가중치를 찾기 쉽게 만드는 것입니다.

학습용 데이터를 활용해 예측 데이터와 정답 데이터 사이의 오차가 적어질 때까지 이 작업을 반복합니다. 이것이 '기계 학습'의 기본적인 흐름이죠. 처리 능력이 뛰어난 컴퓨터가 있어야만 비로소 실현시킬 수 있는, 품이 매우 많이 드는 최적 계수의 발견법입니다.

AI가 복잡하다고 여겨지면서도, 한편으로는 '단순한 모델링'이라는 이야기를 듣는 이유가 바로 여기에 있습니다.

번거로운 가중치의 최적화는 기계 학습에 넘기고, 우리는 학습 횟수를 지정해 예측 정밀도가 안정되는 타이밍을 PC 모니터로 확인만 하면 되는 것입니다.

오픈소스 머신러닝 플랫폼인 텐서플로(TensorFlow) 사이트에는 뉴럴 네트워크에 대한 소개가 공개되어 있습니다. 입력층의 데이터, 중간층의 데이터, 출력층의 데이터가 연동되어 학습 횟수가 늘어날수록 모델의 정밀도가 높아짐을 알 수 있을 것입니다.

AI 작동을 위해 데이터 포맷을 표준화시키기 ⋯ ⏻

다변량 분석은 독립변수가 수십 개, 간혹 100개 이상도 되는 데이터의 해석에는 그리 효과적이지 않습니다. 중요한 독립변수를 골라내는 일에 너무 많은 수고가 필요하기 때문입니다. 방대한 데이터에서 규칙성을 발견해 예측 모델을 만드는 데에는 AI 기계 학습이 적합합니다.

성별, 구매 이력(상품과 금액, 횟수), 인터넷의 열람 이력, SNS 참여율 등 데이터의 포맷은 제각각이기 때문에 먼저 이들을 표준화해야 합니다. 그런 사전 작업을 마친 후에는 '먹이기'만 하면 되죠. 그러면 AI가 지시대로 작동하기 시작합니다. 화상 인식 AI의 경우 입력층 데이터만 수백 개가 넘고, 학습용 데이터는 수만 건에 달합니다. 고객 구매 예측을 할 때도 방대한 양의 학습용 데이터가 관여합니다.

자, 이상으로 AI 기계 학습의 구조에 대해 알아보았습니다만, 여전히 혼란스럽다면 'AI는 기계적으로 예측 모델을 만들어 주는 존재'라고 기억하면 됩니다. 너무 포괄적이기는 하지만 틀린 말은 아니니까요. 이 책이 제안하는 것은 어디까지나 숫자로 생각하고 말하기입니다. AI가 구한 숫자를 제대로 활용하는 일이 더 중요하죠.

AI를 사용하기 위한 표준어　⋯ 🖥

이러한 예측 모델은 '파이썬'과 같은 프로그램 언어를 통해 개발됩니다. 실제적인 개발 작업은 '아나콘다(Anaconda)'처럼 파이썬이 작동하는 플랫폼을 이용하죠.

파이썬은 누구나 무료로 다운로드 받아 사용할 수 있습니다. 구글이 개발한 텐서플로도 파이썬의 개발 환경에서 작동합니다. AI를 사용하기 위한 표준어 정도로 생각하면 되겠네요.

서점에 가면 다양한 입문서가 있고, E-러닝이나 프로그래밍 수업 등 배울 수 있는 기회는 얼마든지 있습니다.

여담이지만, 저는 지금까지 따로 프로그래밍을 공부한 적 없이, E-러닝과 책을 통해 파이썬을 배웠습니다. 간단한 기계 학습 코드를 짤 수 있는 수준으로, 스스로 본격적인 개발에 참여할 만큼의 기술은 없죠. 그럼에도 불구하고, 파이썬을 접하고 그 구조를 이해하는 일이 실질적으로 가치가 있다는 사실은 충분히 실감하고 있습니다.

컨설턴트로서 엑셀이나 다변량 분석 소프트웨어를 이용한 통계 해석의 기본은 마스터해뒀었기 때문에 파이썬을 통해 '무엇을 할 수 있는지' 알게 된 것이 큰 수확이었습니다. 파이썬을 접해두면 AI 모델을 개발하는 전문가들과 소통할 때 요긴하게 쓸 수 있습니다. 현장의 감각을 익히는 것이 중요합니다.

☺∪☹

숫자로 말하지 못하는 사람

우리 제품은 99.99% 이상의
정밀도를 요구하므로
AI 활용은 시기상조입니다.

VS

숫자로 말하는 사람

우리 제품은 99.99% 이상의
정밀도를 요구하므로
AI를 가능한 선까지 활용해봅시다.

AI라는 도구를 활용해
문제를 해결하기

AI라는 강력한 도구를 이용해 매출 예측하기 ⋯ 🖾

AI를 직접 다루는 것보다 AI가 도출해낸 숫자를 활용하는 것이 중요하다고 했으니, 지금부터는 AI 활용의 구체적 사례를 살펴보겠습니다. AI 활용 사례는 무수히 많습니다만, 개인적으로 개발에 참여했던 프로젝트와 모델링에 대한 대략의 이미지를 파악할 수 있는 예들을 추려 말해볼까 합니다. 즉, '현장감을 담아 전달할 수 있는 내용'들을 골라 소개하겠습니다.

먼저, AI를 통한 '매출 예측 모델'입니다. '이 신상 셔츠를 누가 구매할까', '이 신상 셔츠는 몇 장이나 팔릴까?' 등의 예측을 하는 모델이죠. AI로 고객이 그 상품을 살 확률을 계산해 점포나 EC에서의 판매 수량을 예측합니다.

소비재, 기호품, 금융 상품, 온라인 유료 서비스 등 어떤 종류에도 적용이 가능하죠.

사용할 데이터는 고객의 프로필, 구매 이력, 자사 사이트의 행동 이력(어떤 페이지를 열람했는가) 등등. 이러한 관련 데이터를 입력층으로 두고 AI 소프트웨어에 먹여서 뉴럴 네트워크로 확률 계산 모델을 만듭니다. 고객의 구매 이력이 축적되고, 웹에서의 행동 이력이 데이터로 남으면 기계 학습을 반복해 한층 더 정밀도를 높일 수 있습니다.

저도 AI 매출 예측 모델과 관련된 일에 참여한 적이 있는데 예측의 정확도가 상당히 높다는 것을 실감했습니다. 이 모델을 통해 생산 수량의 최적화, 할인 판매의 억제가 가능해져 결과적으로 수익 개선이 실현되었습니다. 구매 예측 모델이 전략 및 마케팅을 변화시킬 힘을 지니고 있다는 것이죠.

메루카리의 '간이 AI'가 보여준 커다란 가능성 ··· ⚙

개인적으로 주목하고 있는 사례는 메루카리의 간이 AI

입니다. 출품하고 싶은 상품을 스마트폰으로 촬영하면 AI가 자동으로 그 이미지를 판별해, 상품명과 카테고리명 등 입력이 필요한 기본 정보에 대한 몇 가지 후보를 표시해주는 시스템이죠. 사용자가 일일이 입력할 수고를 덜어줘 출품의 장벽이 낮아집니다.

AI의 특기인 화상 인식을 응용한 것입니다. 방대한 출품 사진(이미지), 상품명, 카테고리명, 정가 등의 정보를 모두 AI에 먹임으로써 판정 및 예측 모델을 만들어내는 것이죠. 구체적인 예를 들면, 특정 출품 상품의 사진으로부터 '이 제품이 가방일 확률이 80%, A사의 B모델일 확률 75%'라는 예측 모델을 생성하죠. 이 결과를 사용해 입력 정보의 일부를 후보로 제시하는 것입니다.

물론, 모든 항목이 반드시 정확하게 채워진다는 보장은 없지만 완전한 백지 상태에서 입력하는 것에 비하면 훨씬 편리하겠죠. 처음부터 완벽한 답을 노리기보다 간이 AI로서의 기능을 확실히 제공하는 방식입니다. 메루카리의 사례를 보면, 이런 방식의 가능성이 보입니다.

메루카리에 출품되는 상품 수는 방대하며, 사용자가

촬영한 제품 이미지는 프로가 찍은 사진과는 차이가 있습니다. 여러모로 100%의 예측 정확도를 기대할 수는 없겠지만, 틀린 정보가 있으면 그 부분만 수정하면 됩니다. 자율주행처럼 생명과 직결된 분야에 AI를 도입하려면 차원이 다른 정확도의 예측이 필요하겠지만, 그 밖의 비즈니스 현장에서는 각 케이스에 맞는 활용 방법을 모색하면 됩니다.

화상 인식의 활용 사례 중 사안이 민감한 것으로는 매장 내의 도난 방지, 공공시설에서의 수상한 인물 확인 등이 있을 텐데요. 수상한 사람들의 특징적인 행동 패턴 데이터를 AI에 먹임으로써 예측 모델을 만들어낼 수 있습니다. 필요 이상으로 주변을 의식하거나 같은 장소를 여러 차례 반복해서 지나가는 등, 독특한 행동 패턴을 보이기 마련이니까요. 이런 행동을 특정해 그 가중치를 파악할 수 있다면 '이 사람이 수상한 행동을 할 확률은 80%'라는 식의 예측이 가능해질 것입니다.

판매, 마케팅 이상으로 AI와의 궁합이 좋은 분야가 바로 에러 및 고장의 탐지입니다. 고장으로 이어질 가능성이 있는 특징적인 데이터 변화를 감지해 경고해주는 것이죠. 공장의 생산 라인 및 제조 기계로부터 방대한 양의 데이터가 수집되는데, 이를 인간의 눈으로 분석해 고장을 미연에 방지하기란 보통 어려운 일이 아닙니다. 이 분야야말로, AI의 기계 학습이 빛을 발하는 영역이죠.

제조 기계에는 여러 가지 센서가 장착되어 있습니다. 이를 통해 데이터를 축적해 학습용 자료로 AI에 먹입니다. 정상적일 때와 고장이 났을 때, 센서가 수집하는 각각의 데이터 사이에는 차이점이 있을 테니까요. 그것을 AI로 판별합니다.

입력층에는 각 센서에서 얻은 데이터를 넣습니다. 대형 제조 기계로부터 100개의 센서 데이터를 얻는다고 가정해볼까요? 각 데이터에 랜덤으로 가중치를 넣어 중간층의 데이터를 작성한 후에 통계적으로 처리하기 쉽도록 변환합니다. 그다음 중간층 데이터에 다시 가중치를 넣어 출력층 데이터의 '정상', '고장'과 연결시킵니다. 그리고 판정(고장 확률)의 정확도가 올라갈 때까지 학습을 반복시켜 프로토타입 모델을 만들고 실증 실험을 거쳐 실전에 배치하는 것입니다.

의료 업계가 변하고 있다 ··· 🗐

검지 관련 AI 모델 개발의 경우, 전문 영역에 특화되어 있어야 예측 모델의 정밀도를 높이기가 쉽습니다. 그 대표적 업계인 의료 분야에서는 CT 등의 화상 자료를 통해 암의 발견을 돕는 AI, 특정 병에 걸렸을 가능성을 가늠하는 AI 등 AI 시스템을 활용한 다양한 기술이 발전을 거듭하고 있습니다.

이를테면, 폐암 환자와 정상인의 CT 이미지를 AI에게 학습시켜 의사가 검지할 수 없는 이미지상의 특징을 파악해 종양을 특정 짓고 악성일 확률을 계산하여 진단에 이용하는 것입니다. 의료 AI는 진단 및 치료뿐 아니라 예방 및 건강관리에도 활용할 수 있습니다. 애플워치 같은 단말기를 사용해 생체 데이터를 수집할 수도 있죠. 이러한 데이터를 바탕으로 건강 지수를 점수로 나타내고, 어떤 병에 걸릴 가능성을 사전에 경고하거나 생활 습관의 개선을 권장하는 서비스의 개발도 이뤄질 수 있습니다.

AI 매칭이 결혼의 상식이 된다면 ··· 🖐

사람과 사람, 혹은 회사와 사람을 '매칭'할 때도 AI를 활용하는 사례가 늘고 있습니다. 취직, 이직, 배우자 찾기 등을 AI가 도와주는 것이죠. 과거의 매칭 자료나 개인, 기업 후보자에 대한 선호도 데이터를 AI에 먹여 모델을 만듭니다. 이를 통해 상대와 잘 맞을 확률을 사전에 계산해 매칭 스코어를 제시하거나 자신을 선택해줄 확률이 높은 대상을 추려낼 수도 있습니다.

매칭에는 다양한 패턴의 AI 활용이 가능합니다. 만약 결혼 사이트라면 프로필과 설문을 통해 등록자를 그룹으로 나눌 수 있습니다. A 그룹, B 그룹 등 여러 그룹으로 분류 가능한 AI 모델을 만들어 각 그룹이 중요시하는 조건을 시각화합니다. 연봉, 연령, 용모, 취미, 근무지, 현주소(거리) 등 그룹마다 우선시하는 항목은 다르겠죠.

다음으로 데이터베이스에서 그 조건에 맞는 매칭 후보를 추출합니다. AI를 통해 선택된 후보들의 매칭 스코어를 계산해 이어주면 성공률이 올라갈 것입니다. 혹은, 검색 및 열람 이력을 통해 비슷한 사람(잘 통할 것 같은 상대)을 추천하는 방법도 있습니다. 그 방법은 유튜브나 아마존 같은 사이트의 추천 기능 알고리즘과 같습니다.

AI는 정체불명의 두려운 상대가 아니다 ⋯ 🗐

'이런 분야에까지 AI를 활용하다니, 왠지 찝찝하다'고 생각할 수도 있겠지만, 꼭 그렇게 받아들일 일도 아닙니다. AI를 통해 최적의 직장을 찾을 수 있다면 적성에 맞지 않는 회사에 취직해 괜한 고생을 할 확률이 줄어들 것입니다. 회사의 입장에서도 미스 매칭으로 이뤄진 채용에 드는 비용의 낭비를 막을 수 있을 테고요.

결혼을 진지하게 생각하는 젊은이들이 매칭 AI를 사용

해 효율적으로 배우자를 선택한다면 결혼에 이르기까지의 시간도 절약할 수 있고, 행복한 결혼 생활을 영위할 가능성도 더 높아질 것입니다. 꽤 멋진 일 아닌가요?

SNS나 온라인의 이미지 데이터를 AI에 먹여 트렌드 정보를 모으거나, 앞으로의 유행을 예측하는 일도 가능해지겠죠. 히트 상품의 경향과 흐름도 AI로 분석할 수 있게 될 것입니다. 그 정보들을 바탕으로 크리에이터가 창의력을 발휘하면 새로운 문화가 탄생하는 것입니다. 이것이 사람들에게 감동을 전하고 살아가는 힘을 준다면, 이 방식 또한 하나의 표준으로 자리 잡겠죠.

불확실성으로 가득 찬 세상에서 AI가 판단에 도움을 준다면 이것만큼 감사한 일도 없지 않을까요. 회사를 경영해본 경험이 있는 분들이라면 다들 공감할 것입니다. 근거 있는 자료가 충분치 않아 직감과 배짱에 기대어 중요한 판단을 내려야 하는 일도 많으니까요. 스스로 확신이 없는 판단을 하면서도 수천만, 수억, 수십억의 리스크를 짊어져야 하는 것이 회사 경영자의 자리입니다. 그들은 늘 이런 불안감에서 해방되길 원하죠.

AI는 결코 정체불명의 두려운 상대가 아닙니다. 이 사실을 받아들이고 나면 AI를 활용할 수 있는 아이디어들이 샘솟을지 모릅니다. AI 활용에 대해 논할 수 있게 되면, 자신의 비즈니스가 나아갈 새로운 길이 모습을 드러낼 것입니다.

문과형 사람도 AI를 통해
업무를 논하는 시대가 온다

강화 학습이 인간을 위협할까? ··· 🖐

앞서 AI가 인간의 가능성을 확장해줄 긍정적인 미래에 대해 이야기했습니다. 그렇다면 꾸준히 언급되어 온 'AI가 인간을 대체하는 미래'는 정말 현실이 될까요? 사실 지금부터 소개할 AI '강화 학습'에는 다소 무서운 면이 있습니다. 무시무시한 괴물이 탄생할 가능성도 배제할 수 없죠.

기계 학습에서는 과거의 판매 실적이나 정확한 이미지 같은 '정답'이 존재했습니다. AI는 어디까지나 그 답을 도출하기 위해 사용되죠. AI가 멋대로 행동하는 경우는 없습니다. 한편, 강화 학습은 스스로 시행착오를 겪으며 사고 모델을 만들어내는 것을 목표로 합니다. 사용되는 계산 방식(알고리즘)은 똑같은 뉴럴 네트워크이지만 정답이 아닌 '보수'와 '페널티'가 부여되고 AI는 이를 바탕으로 학습을 진행합니다.

강화 학습의 과정은 기본적으로 기계 학습과 동일합니다. 먼저 랜덤으로 가중치를 적용시킨 다음 뉴럴 네트워크를 통해 최적화하죠. 단, 정답에 가까워지기 위한 정밀도를 높이는 것이 아니라, 보수의 현재 가치가 최대가 되는 가중치를 찾는다는 면에서 차이가 있습니다. 쉽게 말해, '랜덤으로 시행착오를 겪어가며 게임에서 지지 않는 공략법을 찾아가는 프로세스'입니다.

알파고 같은 AI 게임 플레이어는 이 강화 학습을 통해 탄생한 것입니다. 이런 AI는 이미 인간이 이길 수 없는 수준까지 진화했습니다. 한숨도 자지 않고 몇 만 시간 동안 연습만 반복하는 게임 플레이어를 무슨 수로 이길 수 있을까요.

무적의 살생 로봇이 탄생할 위험성 ⋯ 🗇

패배했을 때의 페널티를 크게 설정하고 보수의 현재 가

치가 올라가도록 계산식을 세우면 이런 모델이 만들어집니다. 게임을 예로 들면, 우선 상대에게 지지 않는 움직임을 학습한 다음, 패배하지 않는 플레이 패턴을 완성하겠죠. '상대 캐릭터를 공격해 쓰러뜨려야 한다'고 학습하면 랜덤으로 시행착오를 겪으며 확실하게 상대를 쓰러뜨릴 방법을 찾아내 공격해올지도 모릅니다.

이런 AI가 전투 로봇에 탑재되어 전쟁에 사용된다면… 생각만 해도 끔찍한 이야기죠. AI가 인류를 위험에 빠뜨릴 것이라고 목소리를 높이는 사람들은 바로 이런 면을 강조하고 있는 것입니다. 하지만 사용법을 그르치지만 않는다면 긍정적인 활용 방법을 다양하게 모색할 수 있습니다. 이를테면, 강화 학습을 통해 고객의 생애가치(LTV: Lifetime Value)를 극대화할 방법을 찾는 것이죠.

'짧은 기간에 공격적으로 광고를 노출하고 혜택을 잔뜩 제공해 무리하게 상품을 파는 방식 말고, 오랫동안 꾸준히 상품을 구매해줄 충성도 높은 고객을 확보하고 싶을 때는 어떻게 해야 할까.' 이런 방식을 추구하면 마케팅의 방향성은 근본적으로 달라집니다.

교육 및 대인관계에도 응용할 수 있겠죠. 이런 모델은 '눈앞에 있는 상대에게 당장 화를 내야 할까, 그냥 넘어가는 것이 나을까' 하는 문제나, 사원들의 정착률 향상, 효율적인 종업원 교육 등에도 적용 가능할 것입니다.

대인관계에 문제가 생기면 스트레스가 쌓이고 일의 능률이 떨어집니다. 삶의 질 또한 저하되죠. 강화 학습 AI가 어떻게 행동해야 할지 추천해준다면 더욱 일하기 편한 업무환경이 갖춰질 것입니다. 어쩌면 강화 학습 AI가 탄생시킨 무적 살생 로봇이 테러나 전쟁을 막는 일에 앞장서, 보다 평화로운 시대가 도래할지도 모릅니다.

SF 세계가 도래하기 전에 룰을 만들어야 한다 ⋯ ⊠

인류가 정말로 두려워해야 할 경우의 수가 있다면 그것은 AI가 지구의 지속가능성에 관한 강화 학습을 이행하는 케이스일 것입니다. 자연환경 유지를 목적으로 AI가 임의의 방법을 고안해 계산할 경우, 어떤 답이 나올까요. '전 세계 인구를 일정 수준으로 감소시켜야 한다' 혹은 '인류는 존재하지 않는 편이 낫다'라는 결론이 나올지도 모릅니다.

'인류가 단 하루라도 더 오래 생존할 수 있는 생활 패턴'에 대한 강화 학습이 진행되는 과정에서 지금의 문명 생활 자체가 부정당할 가능성도 있습니다. 그야말로 AI가 AI를 자기 부정하는 SF 세계가 열리고 마는 것이죠. 상상을 뛰어넘는 혁신적 기술로 이런 위기를 극복해낼지, 아니면 살생 로봇이 인구 억제와 생활 방식의 변혁을 추진할지⋯. SF 세계가 현실이 되지 않도록 룰을 만들어야 합니다.

'학습 완료형 모델'의 공유 ⋯ 🦈

이렇게 다양한 문제를 안고 있음에도 불구하고 AI가 놀라운 속도로 보급될 것은 확실시되고 있습니다. 지금까지 축적해온 '학습 완료형 모델'을 모두가 공유할 수 있는 환경이 조성되고 있다는 것이 그 이유 중 하나죠.

뉴럴 네트워크는 입력층의 데이터, 중간층, 출력층의 아웃풋 내용, 가중치(계수)로 구성된다고 설명했습니다. 그중 가장 중요한 것이 '가중치(계수)의 최적화'인데, 이 단계를 거친 '학습 완료형 모델'을 많은 이들이 자유롭게 사용할 수 있는 환경이 갖춰지고 있는 것입니다.

한 예로, 파이썬의 심층 학습 라이브러리인 'Keras(https://keras.io)'에도 몇 가지의 학습 완료형 모델이 공개되어 있습니다. AI 프로그래머를 대상으로 한 커뮤니티 사이트 'Kaggle(https://www.kaggle.com/)'에서도 상세한 코드를 볼 수 있죠.

모델을 그대로 사용하기도 하고, 새로운 학습 데이터로 가중치를 재조정하는 경우도 있습니다. 출력층의 내용을 수정하는 방법도 있고요. 화상 인식에 학습 완료형 모델을 적용한 후 스스로 개발한 매출 예측 모델과 연동시키는 등, 응용 범위는 아주 넓습니다.

Kaggle에서는 상시로 상금이 걸린 콘테스트가 열리고 있습니다. 구글도 매출 예측 모델을 테마로 상금을 내걸고 있죠. 이런 요소들이 개발자들의 동기가 되어, 학습 완료형 모델들은 꾸준히 축적될 것입니다.

Keras에서 소개된 '시퀀셜(Sequential) 모델'을 보면 AI 와의 거리가 좁혀졌음을 실감할 수 있습니다. 이 시퀀셜 모델을 사용하면 아주 간단하게 딥 러닝 코드를 짤 수 있 습니다. 뉴럴 네트워크의 기본 스텝만 이해하고 있으면 수 십 줄의 코드로 기계 학습 모델을 움직일 수 있죠. 누구나 AI 모델을 만들 수 있는 엄청난 시대가 왔음을 실감할 수 있는 대목입니다.

그야말로 AI 모델 개발의 '스타트 지점'이 바뀌었음을 시사하고 있습니다. 학습 완료형 모델은 앞으로 잇달아 공 개될 것입니다. 이를 활용함으로써 우리 같은 문과형 사 람들도 AI 모델을 적극적으로 개발할 수 있는 시대가 올 지도 모릅니다. 그야말로 풀 마라톤을 20㎞, 혹은 30㎞ 지점부터 시작하는 셈이죠.

이렇게 풍요로운 환경을 십분 활용하기 위해서는 Keras의 시퀀셜 모델을 움직일 수 있을 정도의 AI 관련 기초 지식을 익힐 필요가 있습니다. 학습 완료형 모델을 활용하는 경우도 마찬가지죠. 파이썬의 마스터까지는 바라지 않겠지만, 최소한의 비즈니스 상식으로써 'AI가 어떤 구조로 작동하는지' 정도의 지식은 갖춰두는 편이 좋을 것입니다.

이제 곧 그 시대가 온다 ··· 🖐

마지막으로, 얼마 전 시카고 대학에서 날아온 재미있는 기사를 소개할까 합니다. AI의 경제 효과를 아직 확인할 수 없는 이유에 대한 글이었는데요. 기사의 결론은 '이제 곧 그 시대가 온다'는 것이었습니다.

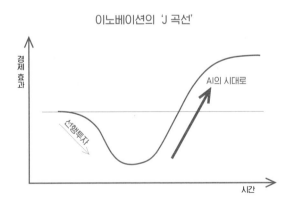

이노베이션의 'J 곡선'

"증기 기관, 모터, 내연 기관(엔진) 등 세상을 바꾼 혁신적 기술도 사회에 보급되기까지 시간이 필요했다. AI 또한 비약적인 발돋움을 위한 준비를 하고 있을 뿐이다. AI의 시대는 앞의 표처럼 J 곡선을 그리며 순식간에 다가올 것이다"라고 예측하는 내용이었죠.

몇 번인가 AI 모델의 관련된 일을 하며 체득한 현장의 감각으로도 이 예측은 적중할 것이라 생각하고 있습니다. 아직은 기업도, 사회도 반신반의하고 있지만 곧 성공 사례가 속출할 것입니다. 선행 기업은 투자액을 한 번에 늘려 단기간에 경쟁력을 확보하는 것을 목표로 하겠죠.

그렇기 때문에 지금부터 준비해야 하는 것입니다. AI는 하루가 다르게 진화하고 있습니다. 저 역시 항상 새로운 사례들에 관심을 기울이고, 무엇이 됐든 AI와 관련된 프로젝트에 직접 종사하며 계속해서 이 흐름을 놓치지 않을 생각입니다. 쉽게 이해할 수 있는, 실용적인 AI 입문서의 집필도 검토 중이고요. 통계 분석과 AI 활용은 앞으로 비즈니스맨의 상식이 될 것입니다. 그때 이 책에서 소개한 내용이 조금이나마 도움이 된다면 좋겠습니다.

7장의 포인트 $+-\times\div\%$

- 먼저 AI의 대략적인 구조를 이해하자.

- AI 활용 사례를 알고 자신의 업무에 응용하자.

- AI를 활용해 미래를 논하자.

앞으로도 끊임없이 발버둥 치자 ⋯ ⑨

지금까지 저는 어려운 이야기를 쉽게 전하기 위한 책들을 써왔습니다. 저는 원래 순간적으로 이해하는 능력이 부족해서 책상 앞에서 공부하고, 체험하고, 여러 번 복습을 반복해야만 겨우 '내 지식'을 얻는 사람입니다. 무언가를 익히려면 남들보다 많은 시간이 걸리죠.

이런 제가 습득한 지식을 쓴 글이기 때문에 더더욱, 와닿는 무언가가 있지 않을까 생각했습니다. 저와 비슷한 슬로우 러너(배움에 시간이 걸리는 사람들)들에게 도움이 되고 싶은 마음에 집필 활동을 이어왔고, 특히 숫자와 관련된 서적이 호평을 얻어 많은 분들이 읽어주셨습니다.

사실, 최근 몇 년간은 글을 쓰고 싶다는 의욕이 조금씩 사라지고 있었습니다. 제가 하고 싶었던 이야기는 거의

☺ⅴѕ☹

다 전달했다고 생각했으니까요. 그런데 AI가 등장하면서 정신이 번쩍 들었습니다. AI를 필두로 한 디지털 테크놀로지의 출현이 이제껏 막연하게만 느껴왔던 '지금과 같은 전략으로는 뭔가 부족하지 않을까'라는 의문에 답을 제시해주는 것 같았기 때문입니다.

그때부터 디지털 마케팅 경험을 쌓으며 파이썬을 기초부터 배우기 시작하는 등 최신 지식들에 뒤처지지 않기 위해 고군분투했습니다. 이대로 있다가는 직업을 잃게 될지 모른다는 초조함이 없었다면 거짓말이겠죠.

이 책 『숫자가 싫어서』는 이러한 실제 경험을 통해 탄생했습니다. 소위 말하는 '숫자에 약한 사람'이라도 숫자를 기반으로 사고하고 대화할 수 있게 되는 것, 나아가 최첨단의 영역인 AI 세계를 논할 수 있게 되는 것. 제가 몸소 부딪쳐온 경험들이 이런 일들에 조금이나마 도움이 되지 않을까 기대하며 이 책을 썼습니다. 숫자로 말할 수 있게 되면 그야말로 세상이 변하는 느낌을 받을 것입니다. 한 사람이라도 더 많은 이들이 그런 경험을 할 수 있다면 참 좋겠네요.

테크놀로지의 진화는 앞으로 더 가속화될 것입니다. 저는 그 변화에 맞서 끊임없이 발버둥 치며 흐름을 놓치지 않을 생각입니다. 또한, 앞으로도 숫자로 말하는 능력을 지니고자 하는, 최첨단의 지식을 습득하려 고군분투하는 여러분께 도움이 되고 싶습니다.

업무 성과를 깎아 먹는
문과형 사람을 위한 실전 소통법

숫자가 싫어서

초판 1쇄 인쇄 ㅣ 2020년 10월 28일
초판 1쇄 발행 ㅣ 2020년 11월 3일

지은이 ㅣ 사이토 고타쓰
옮긴이 ㅣ 황국영
발행인 ㅣ 고석현

주소 ㅣ 경기도 파주시 심학산로 12, 4층
전화 ㅣ 031-839-6804(마케팅), 031-839-6812(편집)
팩스 ㅣ 031-839-6828

이메일 ㅣ booksonwed@gmail.com
홈페이지 ㅣ www.daybybook.com

* 책읽는수요일, 라이프맵, 비즈니스맵, 생각연구소, 지식갤러리, 스타일북스는 (주)한올엠앤씨의 브랜드입니다.